TRAITÉ PRATIQUE

COMMERCE DES CÉRÉALES

EN FRANCE ET A L'ÉTRANGER,

PAR

H. LEFÈVRE,

Ancien secrétaire particulier de feu le baron J. de Rothschild,
Membre du Cercle des Actuaires français,
Licencié ès Sciences.

— ooo —

PARIS,

LIBRAIRIE DES HALLES ET MARCHÉS,

4, Rue de Sartine, 4.

TRAITÉ PRATIQUE

DU

COMMERCE DES CÉRÉALES

EN FRANCE ET A L'ÉTRANGER.

7788   Paris. — Imprimerie de Gauthier-Villars, quai des Augustins, 55.

TRAITÉ PRATIQUE

DU

COMMERCE DES CÉRÉALES

EN FRANCE ET A L'ÉTRANGER,

PAR

H. LEFÈVRE,

Ancien secrétaire particulier de feu le baron J. de Rothschild,
Membre du Cercle des Actuaires français,

Licencié ès Sciences.

PARIS,

LIBRAIRIE DES HALLES ET MARCHÉS,

4, Rue de Sartine, 4.

OUVRAGES DE L'AUTEUR.

1° SUR L'ART D'ACHETER ET DE VENDRE.

Principes de la Science du Commerce. Prix : 2 fr.
Principes de la Science de la Bourse. (Épuisé.)
Physiologie et Mécanique sociale. Deux fascicules extraits du *Journal des Actuaires.* Prix : 2 fr.
Traité des valeurs mobilières et des opérations de Bourse. (Épuisé.)
Grand tableau synoptique des opérations de Bourse par la méthode graphique. Prix : 1 fr.

2° SUR L'ART DE PAYER ET DE RECEVOIR.

Le Change et la Banque. Prix : 10 fr.
Ce livre a été présenté à l'Académie des Sciences morales et politiques par M. Léon Say, comme renfermant, au point de vue des opérations de change, une découverte comparable à la Géométrie descriptive de Monge.

En préparation :

Traité pratique des arbitrages de Banque et de Bourse.

3° SUR L'ART D'ENREGISTRER LES OPÉRATIONS.

Comptabilité des opérations de Bourse sur valeurs et marchandises en France et à l'étranger. Carnet pour l'inscription méthodique et la combinaison de ces opérations. Prix : 1 fr.

En préparation :

Traité de Comptabilité commerciale, industrielle et financière. Nouvelle méthode, nouveaux procédés et instruments d'enseignement et de démonstration; synthèse de la comptabilité.

4° SUR L'ENSEIGNEMENT COMMERCIAL.

Quelques mots sur l'enseignement commercial en France. Paris. (Épuisé).

Ces ouvrages se trouvent à la Librairie des Halles et Marchés, 4, rue de Sartine, Paris; ceux qui ne sont pas épuisés sont en très petit nombre.

PRÉFACE.

Dans cette monographie, assurément fort incomplète, sur le commerce des céréales, nous ne nous occupons pas de la marchandise elle-même, dont la connaissance spéciale ne peut s'acquérir que par la pratique et l'habitude de manier les grains, ce qui ne saurait s'apprendre dans un livre ni même dans une école.

Comme toutes les productions naturelles soumises aux influences atmosphériques, aux différences de sols et de climats, les céréales comportent des variétés à l'infini que le commerçant doit savoir apprécier par la vue, le toucher, l'odorat ou le goût, et sur lesquelles on ne peut donner, en dehors de l'objet, que des indications vagues concernant la forme, la couleur, la dureté, la densité du grain, sa netteté, sa régularité, sa sécheresse, sa propreté, etc.

Selon les soins apportés à la culture, à la récolte et à la conservation des céréales, la valeur de chaque échantillon diffère plus ou moins de celle d'un autre et se détermine en vertu de considérations beaucoup trop compliquées pour qu'il soit possible de les formuler avec quelque précision. L'appréciation plus ou moins exacte des nombreux éléments qui sont en jeu constitue le talent du *Blatier* proprement dit, c'est-à-dire du commerçant qui se trouve en rapport direct avec le cultivateur et qui opère une première concentration des produits. On sait qu'à cette première étape du commerce des céréales chaque transaction donne lieu à un débat spécial portant à la fois sur la quantité, la qualité et le prix de chaque échantillon. Les deux contractants cherchent naturellement à lutter de finesse, et même à se tromper réciproquement sur la valeur réelle de la marchandise en cause.

Mais ces procédés élémentaires, qui ne sont autres que ceux du *troc* primitif, deviennent impossibles sur les grands marchés où l'on n'a pas de temps à perdre en discussions de cette nature, quand il s'agit d'opérer sur les masses considérables nécessaires à la consommation des grands centres.

C'est pourquoi, dans tous les pays où se fait le grand commerce des céréales, on a senti la nécessité de constituer des types de marchandises, résultant de triages ou de mélanges, sur lesquels s'établissent les cours du marché, sans avoir besoin même de voir la marchandise. Celle-ci doit être livrée par le vendeur conforme au type convenu et à la quantité stipulée, de sorte que la discussion ne porte que sur le cours.

La question se trouve donc ainsi singulièrement simplifiée et c'est à ce point de vue que nous l'envisageons dans cette étude.

A part certaines conditions secondaires qui sont déterminées par les règlements de place, la qualité des grains s'estime par le poids de l'unité de volume pour les matières sèches, c'est-à-dire en quelque sorte par leur densité qui ne doit varier que dans des limites assez étroites pour que la marchandise soit acceptable ou non.

On considère, par exemple, que les blés sains sont tous équivalents les uns aux autres, quant à la farine qu'ils contiennent, bien qu'ils diffèrent réellement par les facilités plus ou moins grandes qu'ils offrent à la mouture, c'est-à-dire à l'extraction du produit consommable.

Au fond, quand on achète un poids de blé, on songe à la quantité de farine qu'il pourra donner et c'est aux perfectionnements de la minoterie à en tirer le meilleur parti possible.

Donc, en rapport avec les types adoptés pour les blés, il doit y avoir des types correspondants de farine, et les règlements de place doivent faire en sorte qu'il n'y ait pas antagonisme ou conflit entre ces deux marchés, ce qui rendrait très difficile, sinon impossible, l'un des deux grands commerces sur ces importantes denrées.

Quoi qu'il en soit de ces indications, qui ont une certaine opportunité, mais sur lesquelles nous n'avons pas à nous étendre pour le moment, on voit que le grand commerce des céréales, constitué par l'adoption de types basés sur la densité des grains, se réduit à des rapports de prix que la même denrée présente au même moment sur les différents marchés : ce qui constitue le commerce dit par *arbitrage* ; et aux rapports de prix que la même denrée peut avoir à deux époques différentes : ce qui constitue le commerce dit de *spéculation*.

Or, le commerce par arbitrage repose sur des données qui sont absolument fixes, c'est-à-dire sur des rapports de poids et de monnaies, et sur des frais de transport qui sont ou qui doivent être connus du commerçant.

Aujourd'hui, grâce aux moyens de communication qu'ont entre eux les principaux marchés du globe, les prix d'une même marchandise, des gains par exemple, se nivellent avec une admirable précision, quand on tient compte des frais de change et de transport d'une place à l'autre; de telle sorte qu'il n'y a, pour ainsi dire, aucun bénéfice à acheter sur un point pour vendre *au même moment* sur un autre; et, lorsque les besoins d'une place y appellent la marchandise du dehors, ce sont les industries de transport qui touchent la rémunération du service qu'elles rendent.

Le grand commerce ne peut plus guère tirer ses bénéfices que des écarts de prix entre deux époques différentes, ce qui constitue la *spéculation* proprement dite qui, elle, a pour résultat, non plus de niveler les cours des différents marchés au même moment, puisque ce résultat est déjà obtenu, mais de faire en sorte que les fluctuations des prix ne soient pas aussi violentes qu'elles le sont actuellement, quelquefois entre deux époques très rapprochées l'une de l'autre.

Il suffit en effet de jeter un coup d'œil sur les tableaux graphiques dressés par M. Ch. Bivort (¹) et qui représentent le mouvement des cours des céréales, des farines, des sucres, des alcools, des huiles, etc, pour s'apercevoir combien ces mouvements sont brusques et pressentir la perturbation qu'ils doivent jeter dans le commerce de ces denrées, par conséquent dans les industries de production dont l'existence est toujours sous le coup de telles variations.

Malheureusement ce grand commerce est encore très mal

(¹) Librairie des Halles et Marchés, 4, rue de Sartine.

compris et très mal fait. Les grands spéculateurs ont beaucoup plus en vue d'opprimer le marché à certains moments que de lui être utile; quant aux petits ce sont de simples joueurs, qui ne connaissent même pas leurs cartes, et qui sont, naturellement, toujours mangés par les gros.

Il y a là toute une éducation à faire, à la fois morale et intellectuelle, comme celle qui résulte de l'enseignement d'une science qui assainit en même temps qu'elle éclaire. Nous en avons jeté les bases dans quelques travaux antérieurs (¹), et ces grandes questions devraient faire l'objet d'études spéciales dans les Écoles dites *supérieures de Commerce*.

Quoi qu'il en soit, nous n'avons eu en vue, dans ce petit travail, que le commerce d'arbitrage proprement dit, sur une denrée d'une importance capitale et qui, avec celui des métaux précieux, peut servir de type à tous les autres. Nous avons puisé un certain nombre des renseignements qu'il contient dans l'*Annuaire des Halles et Marchés*, 1881-1882 ; dans un manuel intitulé *Usancen und Paritäten des Getreide-Handels* par le Dr Rudolf Sonndorfer, directeur de l'Académie de Commerce de Vienne (1880), qui a eu à sa disposition les documents des agents consulaires d'Autriche et d'un certain nombre de correspondants sur les principaux marchés ; nous devons aussi à M. Lejeune, sous-directeur de l'École supérieure de commerce de Marseille, des indications précieuses sur les usages de sa propre place.

Nous croyons que les combinaisons que nous avons faites de ces renseignements, les règles pratiques et les tables de parités que nous en avons tirées, ont un certain degré d'utilité, et serviront pour des études du même genre auxquelles peut donner lieu toute autre espèce de marchandise.

Mars 1882.

(¹) *Physiologie et Mécanique sociale* (extraits du *Journal des Actuaires*, 2 fascicules, gr. in-8°. Prix : 2 fr.)

Principes de la science du Commerce, 1 vol. in-8° de 110 pages. Prix : 2 fr.

LE COMMERCE DES CÉRÉALES

EN FRANCE ET A L'ÉTRANGER.

FAITS ET RENSEIGNEMENTS GÉNÉRAUX.

A toutes les époques, la question des céréales a été l'objet des préoccupations des peuples et de leurs gouvernements. Pour des causes sur lesquelles l'homme n'a guère d'action, il y a des séries, plus ou moins périodiques, de bonnes et de mauvaises récoltes. Lorsque ces dernières se présentent, il semble à ce moment que tout soit perdu; on s'écrie alors : l'agriculture se meurt, l'agriculture est morte. Autrefois on invoquait les dieux; aujourd'hui, en France surtout, on invoque l'État, le *Deus ex machinâ* de beaucoup de gens. On lui demande un système plus ou moins compliqué de protections et de compensations; on se plaint du commerce qui, dit-on, ruine le cultivateur. Pendant qu'on discute et qu'on se dispute, le temps, continuant sa marche, ramène la série des bonnes récoltes; les peines et les plaintes du passé s'oublient jusqu'à un nouveau retour des circonstances qui les avaient provoquées.

Il faut croire que les choses ont toujours marché ainsi; car on sait que Joseph dut sa faveur auprès du Pharaon égyptien, qui l'institua son ministre de l'agriculture et du commerce, à l'observation qu'il avait faite d'une sorte de périodicité septennale dans les séries de bonnes et de mauvaises années.

Est-ce à dire qu'il n'y ait rien à faire qu'à se soumettre, les bras croisés, aux vicissitudes atmosphériques? Loin de là,

il est certain que ces phénomènes naturels ont sur l'agriculture une influence considérable; mais la part des hommes,
de leur ignorance ou de leur incurie, contribue largement
aussi aux crises agricoles dont ils souffrent.

On n'a jamais considéré comme très difficile de remuer un
champ plus ou moins profondément, d'y jeter du grain, et d'attendre qu'il ait poussé, ni de laisser des animaux s'engraisser
sur un pâturage. Ce sont des instruments qui semblent tra-
vailler tout seuls au profit de l'homme. Et, en effet, tant que
celui-ci n'est pas obligé de compter avec la surface dont il
dispose, ni avec les besoins qu'il est obligé de satisfaire, il
ne se donnera assurément aucun mal pour tirer le meilleur
parti possible de son instrument de production.

Il n'en est plus ainsi dans les pays où l'état social a fait
naître des jouissances et des besoins plus nombreux, tout en
limitant pour chacun la portion du sol qu'il aura à exploiter.
Le sol devient alors un capital pour celui qui le possède, et
son exploitation une véritable industrie qui devra non seulement rémunérer le travail de ceux qui le mettent en œuvre,
mais fournir au capital lui-même une certaine rente sans laquelle le résultat utile serait incomplet.

Or, il ne s'agit plus de savoir seulement que tel sol produit telles ou telles substances alimentaires pour l'homme
ou les animaux, mais bien de savoir s'il les produit avec profit
et dans quelles conditions; en un mot, si ces productions
peuvent se vendre plus cher qu'elles n'ont coûté de travail et
d'intérêt du capital.

C'est le commerce, c'est-à-dire le prix courant du marché,
qui donne la sanction finale aux productions agricoles ou industrielles.

L'agriculteur, comme l'industriel, a donc à se préoccuper
du prix courant et moyen du marché : c'est là un des termes
du problème qu'il a à résoudre; l'autre terme est dans le
prix de revient de ses produits. Or c'est là le côté par lequel
il pèche le plus souvent.

Combien y a-t-il d'agriculteurs en France qui sachent au

juste ce que leur coûte leur blé, ce que leur coûtent leur
paille, leurs moutons, leurs bœufs, leur volaille, leur lait,
leurs beurres, leurs fumiers, etc., etc., etc. ?

Nous ne craignons pas de dire que la plupart n'en savent
rien, et comment le sauraient-ils? où en est leur comptabilité?

On demande à cor et à cris des capitaux pour l'agriculture :
effectivement, il lui en faudrait beaucoup, et ces capitaux
pourraient être largement rémunérés; mais les confiera-t-on
à un cultivateur, si honnête qu'il soit, qui en sera comptable,
et qui, dans l'état actuel de ses connaissances, est incapable
d'en rendre compte par le menu, de savoir par où et comment il les perd? et l'on perd toujours quand on ne sait pas
découvrir le trou par lequel s'échappe l'argent, trou qui, dans
des opérations agricoles à longue durée, peut être très longtemps dissimulé.

Nous avons sous les yeux un article très remarquable de
M. J. de Reinach, dans le *Journal des Débats* (¹), qui pose, peut-
être pour la première fois, la question agricole sous son véritable jour, et qui nous montre un type de comptabilité en
parties doubles d'une exploitation rurale, d'après la méthode
de M. de Sauvage (²).

Ici nous commençons à voir clair, parce que nous commençons à nous rendre compte du vrai prix de revient de divers
produits, par une balance sérieuse du compte de profits et
pertes résultant d'une tenue de livres dans laquelle rien
n'est oublié ni confondu.

Nous savons, par une comptabilité ainsi suivie pendant
cinq ou six ans, que telle branche de l'exploitation donne
des pertes, telle autre donne des bénéfices. Nous y apprenons,
par exemple, pendant combien de temps il faut nourrir et
engraisser du bétail pour qu'il y ait profit à le faire; que,
passé un certain délai, tout est perte pour l'agriculteur.

(¹) *Journal des Débats,* 14 septembre 1881 : *La crise agricole.*
(²) Secrétaire de M. Othon de Clermont, membre de la Commission perma-
nente des valeurs.

Celui-ci peut alors se diriger avec certitude, et en effet il tire de son capital un revenu moyen de 7 à 8 pour 100, ce qui, à coup sûr, ne saurait être considéré comme la ruine de l'agriculture.

Que dans toutes les parties de la France on applique la méthode de comptabilité de M. de Sauvage, on saura si nous pouvons ou non lutter avec les États-Unis, et si notre agriculture est destinée à périr ; d'ici là, abstenons-nous de juger.

Quant à nous, nous sommes convaincus que, dans les industries de production comme dans celles de transformation et de transport ou d'échange, les souffrances et les ruines proviennent d'abord de la négligence avec laquelle on tient et analyse ses comptes ; la tenue de livres est la première condition de toute bonne économie domestique, comme elle doit être le fondement de l'économie politique elle-même.

L'agriculteur, comme le commerçant, petit ou grand, doit se considérer comme étranger à son exploitation, se débiter de tout ce qu'il lui prend, se créditer de tout ce qu'il lui donne, soit en espèces, soit en matières, soit en travail, et évaluer tous ces éléments d'après le prix courant du marché. Il doit savoir de même créditer et débiter chacune des branches de son exploitation. C'est moins difficile et moins long qu'on ne le suppose, et la méthode de M. de Sauvage en est une preuve. Que l'État introduise la comptabilité dans ses écoles, et l'agriculture française saura bien se défendre toute seule, sans protection.

Bien que nous n'ayons pas à traiter ici des questions de production, nous n'avons pu nous dispenser cependant de dire quelques mots sur la manière dont elles se rattachent au commerce proprement dit, qui est l'objet de ce travail.

IMPORTANCE DE LA PRODUCTION DES CÉRÉALES DANS LE MONDE, PAR ANNÉE MOYENNE.

Nous empruntons ce Tableau à l'*Annuaire des Halles et Marchés,* 1881-1882. Seulement nous arrondissons les chiffres en milliers d'hectolitres, car nous pensons que les évaluations de la statistique à 1 hectolitre et même à quelques centaines d'hectolitres près sont purement illusoires, et qu'une précision évidemment impossible est de nature à inspirer plus de défiance que de foi.

PRODUCTION DES CÉRÉALES PAR ANNÉE MOYENNE.

(Les quantités sont exprimées en milliers d'hectolitres.)

	FROMENT.	MÉTEIL.	SEIGLE.	ORGES.	AVOINES.
France..............	100 000	7 750	26 300	20 250	70 300
Russie et Finlande.....	80 000		221 700	46 000	210 000
Allemagne...........	45 000	650	77 500	42 800	98 500
Espagne............	42 000		9 000	20 500	
Italie	39 000		3 000	8 200	
Grande-Bretagne	37 500		700	35 000	63 600
Autriche-Hongrie......	33 000	3 600	49 200	28 300	47 200
Turquie d'Europe......	15 000		3 600	9 000	1 100
Roumanie	12 000		2 100	7 100	3 000
Belgique	8 850	700	8 400	1 300	8 500
Portugal	2 500		3 000	1 000	200
Pays-Bas	1 850		»	»	»
Grèce	1 800		50	800	70
Serbie	1 500		180	1 100	180
Danemark	1 000		3 200	6 100	9 600
Suède.............	850		5 300	4 400	11 250
Suisse	850		3 100	500	1 900
Norvège...........	100		300	1 300	3 000
Autres pays..........	200				
Total en Europe.....	423 000	12 700	416 830	233 650	525 400
États-Unis (1878)	148 000		9 200	14 800	146 000
Canada.............	10 000		»	»	»
Algérie	9 000		»	»	»
Australie...........	8 000		»	»	»
Égypte.............	6 000		»	»	»
Divers pays..........	4 000		»	»	»
Total général........	610 000				

DU RENDEMENT.

On appelle *rendement* le nombre d'unités de volume de grains produit par l'unité de surface agraire dans chaque pays.

Voici, par exemple, un état des rendements de la récolte en froment pour l'année 1876, rapporté au nombre d'hectolitres à l'hectare.

Il est clair que ce rendement, basé du reste sur des statistiques dont nous ne garantissons pas l'exactitude, varie d'année en année.

ÉTAT approximatif des surfaces ensemencées en froment, et production en hectolitres pour l'année 1876.

(Les quantités sont indiquées en milliers d'hectares et d'hectolitres.)

	Hectares.	Hectolitres.	Rendement.
France	7 000	98 000	14
Russie d'Europe, Finlande	8 000	78 000	9,75
Espagne	6 050	60 500	10
Autriche-Hongrie	3 333	36 336	10,65
Grande-Bretagne, Irlande	1 467	35 850	24,44
Italie	2 506	34 053	13,59
Allemagne	2 001	29 615	14,80
Roumanie-Serbie	837	12 555	15
Turquie d'Europe	1 142	10 278	9
Belgique	302	5 513	18,25
Portugal	247	1 980	8,02
Pays-Bas	85	1 932	22,67
Grèce	151	1 585	10,50
Danemark	52	903	17,36
Suède	80	861	10,75
Suisse	10	140	14
Norvège	5	52	10,83
	33 270	408 160	12,27

Quelques chiffres de ce Tableau sont importants à noter, pour montrer que nous avons encore en France fort à faire avant d'atteindre le rendement de quelques autres pays, comme l'Angleterre, la Belgique et les Pays-Bas, où il est de beaucoup supérieur au nôtre, sans que les conditions soient pour eux plus favorables que chez nous.

Aux *États-Unis*, le rendement moyen, d'après Léon Chotteau, est de 15.

En 1878, la superficie cultivée aux États-Unis était de 57644984^{ha}, qui ont produit 987153000^{hlit} de divers grains, parmi lesquels le froment compte à lui seul pour 13000000^{ha}, ayant produit 148000000^{hlit}.

DÉTERMINATION DU RENDEMENT.

En France, et dans les pays qui ont adopté le système métrique, on détermine le rendement d'une récolte par le nombre d'hectolitres de grains produits à l'hectare.

Ainsi, quand on dit que le rendement est de 15, cela veut dire que la récolte de l'année a donné 15^{hlit} à l'hectare.

L'Autriche-Hongrie, l'Allemagne, la Belgique, la Suisse, l'Italie, la Hollande, le Chili, et, dans une certaine limite, l'Espagne, évaluent aussi le rendement de leurs récoltes par le nombre d'hectolitres à l'hectare.

Dans les pays qui n'ont pas encore le système métrique, le rendement s'estime d'après le nombre d'unités de volume local produit par l'unité de surface agraire.

Ainsi, en Angleterre, l'unité de surface agraire est l'*acre* = 0^{ha},4047; l'unité de volume pour la mesure des grains est l'*Imperial quarter* = 2^{hlit},9078, ou l'*Imperial bushel* = $\frac{1}{8}$ de quarter = 0^{hlit},3635.

On apprécie le rendement de la récolte par la quantité de quarters ou de bushels produits par 1 acre.

Quand on dit, par exemple, que le rendement est de 1 $^{7}/_{8}$, cela signifie que l'acre a produit 1 quarter $^{7}/_{8}$. Si l'on dit que le rendement est de 15, cela signifie que l'acre a produit 15 bushels; ces deux manières d'évaluer le rendement ne se distinguent l'une de l'autre que par la grandeur du nombre qui les exprime.

Pour rapporter ces rendements exprimés en mesures étrangères à l'hectolitre par hectare, on se sert, dans la pratique, de l'opération appelée *conjointe*.

Ainsi, pour l'Angleterre, on poserait les conjointes suivantes, selon que le rendement est exprimé :

En *quarters*.

Combien d'hectolitres $x = 1$ hectare,
  Si $0^{ha},4047 = 1$ acre,
  Si 1 acre $= 1\,^7/_8$ quarter,
  Si 1 quarter $= 2^{hlit},9078$.

En *bushels*.

Hectolitres $x = 1$ hectare,
  Si $0^{ha},4047 = 1$ acre,
  Si 1 acre $= 15$ bushels,
  Si 1 bushel $= 0^{hlit},3635$.

En multipliant ces égalités membre à membre, les acres, hectares, quarters et bushels, qui sont des facteurs communs, disparaissent, et il reste

$$x = \frac{2,9078}{0,4047} \times 1\,^7/_8, \quad x = \frac{0,3635}{0,4047} \times 15.$$

Or toutes les opérations de même genre, vis-à-vis de l'Angleterre, ne différeront que par la quantité de quarters ou de bushels produits par l'acre, selon l'année de la récolte; par conséquent, il suffit de déterminer une fois pour toutes la valeur des facteurs constants

$$\frac{2,9078}{0,4047} = 7,185, \quad \frac{0,3635}{0,4047} = 0,898.$$

Mais il est évident qu'on n'a pas besoin, en pareille matière, d'une exactitude mathématique poussée, comme nous l'avons fait, jusqu'à la troisième décimale, et qu'on aura une approximation très suffisante en prenant $7,18$ ou même $7,2$ et $0,9$.

On aura ainsi :

Pour les *quarters*.

$1\,^7/_8 \times 7,18 = 13,45.$

Pour les *bushels*.

$15 \times 0,9 = 13,50\,(^1).$

Nous appellerons *coefficients de rendement* les nombres par lesquels on devra multiplier les rendements en mesures étran-

---

$(^1)$ Les calculs avec les nombres exacts auraient donné $13,47$, c'est-à-dire $13^{hlit},47$ par hectare.

gères pour avoir le nombre d'hectolitres à l'hectare, qui nous sert de commune mesure de comparaison.

Par exemple :

En *Russie*, l'unité de mesure agraire est la *dessatine* = 1^{ha},0925.

L'unité de volume pour les grains est le *tschetwert* = 2^{hlit},0991.

Si l'on sait que le rendement de la récolte est de 7 $^{1}/_{2}$, c'est-à-dire 7 $^{1}/_{2}$ tschetwerts par dessatine, pour l'obtenir en hectolitres à l'hectare, on posera :

$$\text{Combien d'hectolitres } x = 1 \text{ hectare,}$$
$$\text{Si} \quad 1^{ha},0925 = 1 \text{ dessatine,}$$
$$\text{Si} \quad 1 \text{ dessatine} = 7^{tschet},50,$$
$$\text{Si } 1 \text{ tschetwert} = 2^{hlit},0991.$$

$$x = \frac{2,0991}{1,0925} \times 7,50 \quad \text{ou} \quad 1,921 \times 7,50 = 14,41.$$

Le rendement équivaut donc à 14^{hlit},41 à l'hectare, et le *coefficient de rendement* par lequel il faut multiplier le rendement en tschetwerts est 1,921.

Nous indiquerons, à propos de chaque pays, les coefficients de rendement qui leur correspondent respectivement.

Ainsi,

Pour les États-Unis, le coefficient de rendement est			.....	0,87
» la Turquie,	»	»	....	4,80
» la Roumanie,	»	»	.....	3
» la Valachie,	»	»	.....	13,50
» le Danemark,	»	»	.....	2,50
» la Serbie,	»	»	.....	0,03
» la Russie,	»	»	.....	1,92
» l'Angleterre,	»	» (en quarters).		7,18
» »	»	» (en bushels).		0,9

DU PRIX DE REVIENT DES BLÉS.

En l'absence de toute comptabilité agricole régulière, il est à peu près impossible à un cultivateur de se rendre compte du prix de revient d'un quelconque de ses produits; nous ne connaissons qu'un seul document qui puisse donner des indications précises sur une exploitation rurale dans le centre de la France ; c'est l'extrait d'une comptabilité de M. de Sauvage, qui a paru dans le *Journal des Débats* du 14 septembre 1881, et qui, d'après les principes de la tenue des livres en partie double, contient une véritable balance. Si nous avions pour les diverses régions de la France des documents de cette nature, nous saurions à quoi nous en tenir sur cette question si grave du prix de revient des 100^{kg} de blé en France.

Bien que les cultivateurs n'aient qu'une faible idée de comptabilité et soient, à peu près dans l'impuissance de formuler un prix de revient, il y a cependant une sorte d'instinct qui les guide dans l'appréciation de la valeur de leurs récoltes, et qui fait que la masse ne se trompe pas de beaucoup. Toutes les fois que l'on opère sur des grands nombres, les erreurs individuelles se balancent très sensiblement.

D'un autre côté, on peut établir comme proposition générale que *tout produit qui a un marché libre et qui suffit aux besoins de la consommation, sans la dépasser de beaucoup, se vend toujours à son prix de revient, en comprenant dans ce prix l'intérêt des capitaux engagés dans la production d'après le taux courant du moment.*

Nous allons voir, en effet, qu'en ce qui concerne les blés le prix de revient, résultant du marché, coïncide d'une façon extrêmement remarquable avec les résultats incontestables de la comptabilité de M. de Sauvage.

Dans le Tableau suivant, que nous relevons sur les documents de la statistique officielle, nous avons mis en regard l'importance des récoltes en blé de 1859 à 1879, le prix moyen de l'hectolitre de blé, et le prix moyen des farines huit marques.

Nous avons en même temps divisé cette période en séries de trois années, sur lesquelles on remarquera ce fait intéressant de séries triennales de mauvaises et de bonnes récoltes.

On verra d'ailleurs qu'il n'y a pas toujours coïncidence

entre l'importance de la récolte et le prix moyen courant de l'hectolitre de blé ou du sac de farine pendant l'année correspondante.

| ANNÉES. | RÉCOLTES en milliers d'hecto-litres. | SÉRIES DE | | PRIX MOYEN des blés par hectolitre. | | PRIX MOYEN des farines huit marques par 159^{kg}. | |
		mauvaises années en milliers d'hectolitres. Moyennes.	bonnes années en milliers l'hectolitres Moyennes.	Années.	Séries.	Années.	Séries.
1859	87,546			16,74		57,93	
1860	101,574	88,078		20,24	20,51	67,31	65,75
1861	75,116			24,55		72,00	
1862	99,292			23,24		59,27	
1863	116,782	......	109,116	19,78	20,20	51,17	52,83
1864	111,274			17,58		48,06	
1865	95,572			16,41		54,12	
1866	85,131	88,103		19,61	20,74	72,62	71,33
1867	83,606			26,19		87,25	
1868	116,783			26,64		59,02	
1869	107,941	......	110,241	20,33	22,66	69,29	61,30
1870	106,000			21,00		55,00	
1871	69,276			25,65		77,50	
1872	120,800	90,626		23,15	24,81	72,70	76,77
1873	81,803			25,62		80,11	
1874	103,130			25,11		55,92	
1875	100,635	......	99,734	19,32	21,67	59,36	59,60
1876	95,437			20,59		63,54	
1877	100,145			24,44		67,56	
1878	95,270	91,590		23,00	22,46	60,98	65,17
1879	79,356			21,98		66,97	
1880	102,000						

Moyenne annuelle : 99 040 000^{hlit}, au prix moyen de 21^{fr},86 l'hectolitre, qui, compté au poids moyen de 77^{kg} par hectolitre, donne 28^{fr},39 par 100^{kg}.

Le prix moyen de la farine huit marques pendant la même période a été de 64^{fr},68 le sac de 159^{kg}, équivalant à 200^{kg} de blé.

Voici maintenant ce qui résulte de l'étude de M. de Sauvage, dont nous reproduisons le Tableau d'après le *Journal des Débats* :

(A) *Étude comparée des frais et de la production du blé dans le centre de la France (Loiret).*

		FRAIS A L'HECTARE				
		1875	1876	1877	1878	1879
		fr c	fr c	fr c	fr c	fr c
Mise en terre..	Labours, hersage, roulage, ensemencement	80,95	71,15	119,82	93,58	128,35
	Fumiers (un tiers de la valeur des fumiers)	102,30	98,84	97,48	63,00	109,95
	Engrais	15,10	12,24	20,85	46,00	22,85
	Semences	45,60	38,33	48,34	44,00	47,05
Récolte	Fauchage, liens	23,20	21,48	22,00	27,00	24,45
	Battage. Machine	11,30	11,00	11,98	13,70	16,30
	Battage. Main-d'œuvre	14,75	13,94	16,56	20,80	21,00
	Battage. Charbon	6,15	5,56	5,00	6,70	4,40
	Nourriture de moisson	5,30	4,08	4,44	8,20	8,50
Frais généraux et de réalisation.	Transport, tarardage, criblage, etc.	17,75	18,50	21,65	25,00	30,60
	Assurances	9,85	9,68	9,76	10,00	12,00
	Impôts, prestations	1,90	2,05	1,90	2,05	1,89
	Fermage	40,00	40,00	40,00	40,00	40,00
	Réparation d'instruments	8,75	9,21	9,63	9,65	9,58
	Rabais pour usure du matériel	12,22	10,37	12,16	15,91	13,05
	Chef de culture, sa famille, menus frais	14,33	23,07	14,31	39,59	19,38
	Transport de blé au marché, commission de vente	7,20	0.00	5,31	8,90	8,13
		416,65	380,50	461,19	464,08	517,48
Production à l'hectare { du grain		14 hlit,78 ou 1153 kg	22 hlit ou 1736 kg	24 hlit,82 ou 1937 kg	18 hlit,96 ou 1357 kg	20 hlit,52 ou 1600 kg
de la paille		554 b. de 6 kg	621 b. de 6 kg,5	700 b. de 7 kg	982 b. de 5 kg	1,102 b. de 6 kg,5
Valeur moyenne du blé vendu ou consommé		25 fr,60 les 100 kg	28 fr,19 les 100 kg	27 fr,70 les 100 kg	31 fr,15 les 100 kg	31 fr,16 les 100 kg
» de la paille vendue ou consommée (1)		34 fr,25 les 100 b.	30 fr,90 les 100 b.	26 fr,80 les 100 b.	23 fr,71 les 100 b.	29 fr,97 les 100 kg
Produit à l'hectare en francs		485 fr,52	681 fr,50	723 fr,02	655 fr,80	82 9 fr,16

(1) Dans les baux, le propriétaire interdit la sortie de la paille, ce qui est absurde, puisque le fermier paye ainsi ses fumiers à raison de 50 à 80 fr le mètre cube qu'il pourrait acheter 10 à 12 fr.

(B) *Comptes de* Profits et Pertes *de l'exercice de 1879, qui prend fin le 30 juin 1880.*

SUPERFICIE CULTIVÉE : 141 HECTARES.

PERTES.

	fr
Arbres et vignes...............................	957,35
Avoine 1879..................................	78,00
Pommes de terre 1879.........................	196,60
Orge et sarrasin 1879.........................	38,10
Seigle 1879...................................	234,75
Topinambours 1879...........................	109,65
Bergerie.....................................	907,60
Perte de poids des denrées et engrais...........	48,00
	2570,05

Bénéfice de 1879, comprenant les intérêts d'un inventaire que l'on peut évaluer, par suite des rabais effectués annuellement, à 60 000fr 7245,50

9815,55

BÉNÉFICES.

Basse-cour....................................	0,30
Betteraves et carottes 1879.....................	2641,25
Blé 1879.....................................	4676,65
Luzerne et fourrages 1879......................	1705,70
Méteil 1879..................................	246,90
Navets.......................................	93,15
Porcherie....................................	306,85
Vacherie.....................................	144,75
	9815,55

Si nous formons la moyenne du rendement en blé de ces cinq années, nous trouvons 15hlit,57 par année moyenne (1) ; et la moyenne des frais, 449fr,78 par hectare, ce qui fait ressortir le prix moyen de revient du grain à 28fr,80.

Il est vrai qu'en outre il y a un autre produit, la paille,

---

(1) On voit que ce rendement est médiocre, et l'on aurait lieu d'en être surpris dans une exploitation qui est aussi bien conduite. Mais, si nous nous reportons au prix du fermage, nous voyons que celui-ci n'est compté qu'à 40fr l'hectare, par conséquent nous en concluons que la terre est médiocre aussi.

qui donne en sus une somme moyenne annuelle de 230^{fr},71 ;
mais, pour la plupart des cultivateurs, la paille est un produit qui reste dans la ferme et que, pour cette raison, ils ne
comptent pas dans leurs profits ; or il y a ici une cause de
perte qu'il importe de signaler aux propriétaires aussi bien
qu'aux fermiers, puisque ceux-ci sont obligés, par leurs baux,
de consommer sur place leurs pailles pour en faire du fumier,
au lieu de les vendre au dehors, et d'acheter en retour des
engrais qui leur coûteraient beaucoup meilleur marché. La
perte provenant de ce chef est extrêmement sensible ; et l'exploitation, dont nous présentons ci-dessus le Tableau, ne donne
de bénéfice que parce que le propriétaire vend ses pailles pour
acheter des fumiers.

Nous trouvons donc, par le prix de revient d'après le marché, 28^{fr},39 ; et, d'après une comptabilité régulière, dans une
exploitation bien dirigée, 28^{fr},80 ; or la France est un des
pays où la production du blé suffit aux besoins de la consommation, puisque nous avons vu que la production moyenne
a été de 99 millions d'hectolitres, et qu'on estime à environ
96 millions la quantité nécessaire à la consommation d'une
année moyenne.

Ainsi, nous pouvons considérer que le blé se vend à son
prix de revient, en prenant à son compte toutes les dépenses
de l'exploitation dont le bénéfice est dans les sous-produits
ou dans les produits dont il facilite la culture et la récolte, et
que ce prix de revient ainsi déterminé par deux méthodes
différentes est de 28^{fr} à 29^{fr}.

Si maintenant nous tenions compte de la portion des frais
qui incombent à la paille, ainsi que doit le faire une comptabilité régulière, nous trouverions que le *prix de revient réel* du
grain est de 19^{fr},07 par 100^{kg}, pour l'*exploitation rurale* dont
nous avons présenté le tableau.

Est-il le même partout ? Assurément non, car l'exemple que
nous donne M. de Sauvage est celui d'une ferme bien dirigée,
et qu'ailleurs les non-valeurs et les pertes provenant de l'ignorance de la comptabilité doivent être considérables.

Assurément aussi ce prix de revient est notablement moindre dans d'autres pays, aux États-Unis, par exemple ; mais est-il aussi bas que le disent certains auteurs ? On nous permettra d'en douter, tant qu'on ne nous présentera pas un compte établi comme celui dont nous donnons ci-dessus le modèle.

Que l'Américain du *Far West* consomme son champ sous forme de blé, et ne tienne pas compte de la dépréciation de son capital qu'il épuise, cela le regarde, et cela ne peut pas durer longtemps.

Mais que l'agriculteur français se plaigne quand il vend son blé à 31^{fr} ou 32^{fr} les 100^{kg}, cela tient à ce qu'il exploite mal, parce qu'il fait mal ses comptes, et se livre en conséquence à des cultures ou à des élevages mal entendus.

Toutefois, on ne saurait nier ses souffrances actuelles, et il y a lieu d'en tenir compte dans une certaine limite jusqu'à ce qu'il soit mieux préparé à la lutte par une instruction agricole et commerciale qui lui a manqué jusqu'ici.

DÉTERMINATION DE LA QUALITÉ.

Indépendamment des conditions générales du commerce qui exigent que toute marchandise soit saine, et sans mélange de matières étrangères ou de falsifications tendant à tromper l'acheteur, la qualité des grains se constate par le *poids de l'unité de volume*, en un mot par *la densité*.

La constatation de la densité se fait par *épreuves*, à la volonté de l'acheteur.

Les épreuves diffèrent suivant les usages des places ; voici les principales :

1° L'*épreuve métrique* qui donne le poids en kilogrammes de l'hectolitre de grains.

Ainsi, l'on dit que l'hectolitre de blé pèse, selon qualité, 78^{kg}, 77^{kg}, $76^{kg},5$, etc.

L'hectolitre de seigle pèse de 68^{kg} à 72^{kg} ; l'hectolitre d'avoine de 44^{kg} à 48^{kg}, etc., etc.

Les grains se payent plus ou moins, suivant qu'ils pèsent plus ou moins à l'hectolitre.

Cette épreuve est usitée en France, en Belgique, en Hollande, en Italie, en Suisse, dans l'Autriche-Hongrie, dans le sud de l'Allemagne et dans quelques pays de l'Amérique espagnole.

2° L'*ancienne épreuve de Berlin* qui détermine le poids du nouveau boisseau (*neuscheffel*) de 5o^{lit} en livres allemandes (*Pfunde*) de 5oo^{gr}. On comprend que cette épreuve est identique à la précédente et qu'elle donnera les mêmes rapports entre le volume et le poids.

Elle est encore usitée à Stettin, à Dantzig et à Cologne.

3° La *nouvelle épreuve de Berlin* détermine le nombre de grammes par litre *réel* de grain.

Il est évident que, les grains laissant entre eux des vides plus ou moins grands selon leur grosseur, 1^{hlit} n'est pas le volume absolu des grains qu'il contient. Ainsi, il est facile de constater que, dans un hectolitre rempli de blé ou de seigle, on peut ajouter 3^{lit}, 4^{lit} et même 5^{lit} d'eau, de farine ou de sable fin qui se logeront dans les interstices des grains.

Déterminée à la balance hydrostatique et par des procédés qui sont un peu « précieux » pour des matières qui valent en moyenne de 0^{fr},20 à 0^{fr},3o le kilogramme, la nouvelle épreuve de Berlin est basée sur ce que, pour les

	kg			lit
Blés...	1 (poids absolu) a un volume absolu de			1,o36
Seigles.	1	»	»	1,o47
Orges..	1	»	»	1,o49
Avoines	1	»	»	1,o74

D'où l'on déduit réciproquement les poids du litre absolu des mêmes grains, savoir : pour les

		kg
Blés	1^{lit} (volume absolu) pèse	o,96525
Seigles........	»	o,95511
Orges.........	»	o,95329
Avoines.......	»	o,93110

Il en résulte que, lorsqu'on donne l'épreuve métrique, il

faut la multiplier par les nombres précédents et avancer la virgule de deux rangs vers la gauche pour avoir la *nouvelle épreuve de Berlin*.

Ainsi supposons les épreuves métriques suivantes :

	Épreuve métrique.	Nouvelle épreuve de Berlin.
Blé..............	$73^{kg},9 \times 0,96525$	$= 713$ (grammes)
Seigle...........	$69^{kg},0 \times 0,95511$	$= 659$ »
Avoine..........	$41^{kg},5 \times 0,93110$	$= 386$ »

et inversement, si l'on donne la nouvelle épreuve de Berlin, il faudra, pour convertir en épreuve métrique, multiplier par les volumes absolus du kilogramme et avancer la virgule de deux rangs vers la droite : ainsi

	Nouvelle épreuve de Berlin.	Épreuve métrique.
Blés....................	$713 \times 1,0360$	$= 73,9$
Seigles................	$659 \times 1,0470$	$= 69$
Avoines...............	$386 \times 1,0740$	$= 41,5$

Cette épreuve « savante » est usitée à Berlin et à Breslau.

4° L'*épreuve de Marseille,* qui donne en kilogrammes le poids de la *charge* dont le volume est de 160^{lit}.

Il est facile de convertir l'épreuve de Marseille en épreuve métrique. Ainsi, soit 128^{kg} le poids de la charge de 160^{lit}, on aura

$$160 : 128 :: 100 : x, \qquad x = \frac{128 \times 100}{160} = 80^{kg}.$$

Comme règle, on multiplie le poids de la charge par 10 et on divise par 16; ou l'on multiplie par 0,625, ce qui donne l'épreuve métrique.

Inversement, si l'on a l'épreuve métrique, on obtiendra l'épreuve de Marseille. Soit 78 l'épreuve métrique :

$$100 : 78 :: 160 : x, \qquad x = \frac{78 \times 16}{10} = 124,8.$$

Comme règle, on multiplie l'épreuve métrique par 1,6 pour avoir l'épreuve de Marseille.

5° L'*épreuve de Vienne* n'est plus en usage depuis 1876. Elle donnait en anciennes livres viennoises de $0^{kg},56006$ le poids du minot viennois (*Wiener metzel*) de $61^{lit},487$. Nous ne la mentionnons que pour mémoire, car elle est aujourd'hui remplacée par l'épreuve métrique.

6° L'*épreuve de Hollande*, qui donne le poids du *zak* d'Amsterdam $= 83^{lit},44$ en *livres troy* de Hollande de $492^{gr},17$, est employée à Brême, à Hambourg, en Danemark, dans quelques provinces de la Russie orientale, et à Stettin, Dantzig et Kœnigsberg, principalement pour les affaires d'exportation en Suède et en Norvège.

Pour la conversion de cette épreuve en épreuve métrique, soit 133,15 l'épreuve de Hollande, c'est-à-dire le poids d'un zak de $83^{lit},44$, on posera la conjointe

$$x^{kg} = 100^{lit},$$
$$83^{lit},44 = 1 \text{ zak},$$
$$1 \text{ zak} = 133,15 \text{ liv. troy},$$
$$1 \text{ liv. troy} = 0^{kg},49217,$$

d'où

$$x = \frac{49,217}{83,44} \times 133,15 = 78^{kg},50.$$

Or, en faisant une fois pour toutes l'opération $\frac{49,217}{83,44} = 0,5898$ on obtiendra le *coefficient d'épreuve*, par lequel il suffira de multiplier l'épreuve hollandaise pour avoir l'épreuve métrique.

Ainsi l'épreuve hollandaise étant 133,15, on aura l'épreuve métrique $133,15 \times 0,5898 = 78^{kg},5$.

Inversement, ayant l'épreuve métrique, on obtiendra é-preuve hollandaise en multipliant la première par 1,695.

Ainsi l'épreuve métrique étant 78,5, l'épreuve hollandaise sera $78,5 \times 1,695 = 133,15$: approximativement, pour la conversion de l'épreuve hollandaise en épreuve métrique, 0,59 ; pour la conversion de l'épreuve métrique en épreuve hollandaise, 1,7.

7° L'*épreuve anglaise* donne le poids du *quarter impérial* ($2^{hlit},9078$) en *livres anglaises* ($0^{kg},4536$).

Supposons que l'épreuve donne 5o3 livres, on posera la conjointe

$$x^{kg} = 1^{hlit},$$
$$2,9078 = 1 \text{ quarter imperial},$$
$$1 = 5o3 \text{ livres anglaises},$$
$$1 = 0^{kg},4536,$$
$$x = \frac{0,4536}{2,9078} \times 5o3 = 0,156 \times 5o3 = 78,5o.$$

Donc, pour convertir l'épreuve anglaise en épreuve métrique, on multipliera le nombre de livres anglaises par 0,156.

Et réciproquement, pour convertir l'épreuve métrique en épreuve anglaise, on multipliera le nombre de kilogrammes par 6,41.

8° L'*épreuve russe* donne le poids du *tschetwert* $= 2^{hlit},0991$ en *livres russes* de $0^{kg},4095$.

Supposons que l'épreuve donne 395 livres russes ou 9 pud 35 livres (1 pud $= 4$o livres) par tschetwert, nous aurons par la conjointe

$$x^{kg} = 1^{hlit},$$
$$2,0991 = 1 \text{ tschetwert},$$
$$1 = 395 \text{ livres russes},$$
$$1 = 0^{kg},4091,$$
$$x = \frac{0,4091}{2,0991} \times 395 = 0,195 \times 395 = 77^{kg}.$$

Donc, pour convertir l'épreuve russe en épreuve métrique, il suffit de multiplier les livres russes par 0,195, et inversement, pour convertir l'épreuve métrique en épreuve russe, il suffirait de multiplier le nombre de kilogrammes par 5,126.

9° L'*épreuve américaine* donne le poids en *livres anglaises* ($0^{kg},4536$) du *bushel américain* (vieux bushel anglais ou bushel de Winchester) de $35^{lit},238$; d'où, supposant l'épreuve à 6o $^1/_2$ livres par Bushel, on a

$$x^{kg} = 100^{lit},$$
$$35,238 = 1 \text{ bushel},$$
$$1 = 6o,5 \text{ livres anglaises},$$
$$1 = 0^{kg},4536,$$
$$x = \frac{45,36}{35,238} \times 6o\tfrac{1}{2} = 1,287 \times 6o,5 = 78^{kg}.$$

Ainsi, pour convertir l'épreuve américaine en épreuve métrique, il faut multiplier le nombre de livres anglaises par 1,287, et, pour convertir l'épreuve métrique en épreuve américaine, il faudrait multiplier le nombre de kilogrammes par 0,777.

Par exemple, l'épreuve métrique ou française donnant $81^{kg},75$ à l'hectolitre, on aura pour l'épreuve américaine $81,75 \times 0,777 = 63,50$.

10° L'*épreuve turque* donne le nombre d'*oka* par *kile* de Constantinoplé $= 36^{lit},11$ et 44 oka $= 56^{kg}$. Soit l'épreuve turque de 21 $^1/_2$ oka, on posera la conjointe

$$x^{kg} = 100^{lit},$$
$$36,11 = 1 \text{ kile de Constantinople,}$$
$$1 = 21,50 \text{ oka,}$$
$$44 \text{ oka} = 56^{kg},$$

$$x = \frac{56 \times 100}{36,11 \times 44} \times 21,50 = 3,525 \times 21,50 = 75^{kg},78.$$

L'épreuve turque subit diverses variations dans les Principautés danubiennes.

En résumé les coefficients de conversion sont les suivants :

Épreuve.	Pour la conversion *en* épreuve métrique de	Pour la conversion *de* l'épreuve métrique en
Marseillaise	0,625	1,6
Hollandaise	0,5898	1,696
Anglaise	0,156	6,41
Américaine	1,287	0,777
Russe	0,195	5,126
Berlinoise, blés	103,6	0,0096525
„ seigles	104,7	0,0095511
„ avoines	107,4	0,0093110

Nous aurons, à propos des usages de chaque place, l'occasion de nous servir de ces coefficients de conversion ([1]).

Du reste, la Table ci-après donne les calculs tout faits dans les limites usuelles des qualités marchandes.

([1]) *Usancen und Paritäten des Getreidehandels im Weltverkehre,* von Dr Rudolf Sonndorter, Director der *Wiener Handels-Academie.* Vienne, 1880.

*Table de conversion des diverses épreuves dans les limites courantes
de qualités des grains.*

KILO-GRAMMES par hectolitre.	LIVRES ANGLAISES par quarter.	par bushel.	LIVRES russes par tschet-wert.	LIVRES troy par zak.	GRAMMES par litre.	KILO-GRAMMES par charge de 160 lit.	OBSERVATIONS.
				Blés.			
79	506	61,4	405	134	763	126,40	
78 1/2	503	61,0	402	133	758	125,60	Blés de Califor-nie.
78	500	60,6	400	132	753	124,80	
77 1/2	497	60,2	397	131	748	124,00	
77	493	59,8	395	130,5	743	123,20	Blés de la mer Noire.
76 1/2	490	59,4	392	130	738	122,40	
76	487	59,0	390	129	734	121,60	Blés de Chili.
75 1/2	484	58,7	387	128	729	120,80	
75	481	58,3	384	127	724	120,00	
74 1/2	478	57,9	382	126	719	119,20	
				Seigles et Orges.			
73 1/2	471	57,1	377	125	701	117,60	
73	468	56,7	374	124	697	116,80	
72 1/2	465	56,3	372	123	692	116,00	
72	462	55,9	369	122	687	115,20	
71 1/2	458	55,5	367	121	682	114,40	
71	455	55,2	364	120	678	113,60	
70 1/2	452	54,8	362	119	673	112,80	
70	449	54,4	359	118,5	668	112,00	
69 1/2	446	54,0	356	118	663	111,20	
69	442	53,6	354	117	658	110,40	
68 1/2	439	53,2	352	116	654	109,60	
				Avoines.			
48 1/2	311	37,7	249	82	452	77,60	
48	308	37,3	246	81,5	447	76,80	
47 1/2	304	36,9	243	81	442	76,00	
47	301	36,5	241	80	438	75,20	
46 1/2	298	36,1	238	79	433	74,40	
46	295	35,7	236	78	428	73,60	
45 1/2	292	35,3	233	77	424	72,80	
45	288	35,0	231	76	419	72,00	
44 1/2	285	34,6	228	75	414	71,20	
44	282	34,2	226	74,5	410	70,40	
43 1/2	279	33,8	223	74	405	69,60	

DE LA FIXATION DES TYPES COMMERCIAUX.

C'est là une question extrêmement importante, et sur laquelle il est nécessaire d'avoir des idées très nettes.

L'un des grands progrès du commerce moderne consiste précisément dans la création de types de qualité parfaitement définie et sur lesquels s'établissent les transactions, de façon à n'avoir pas à discuter à la fois la qualité et le prix.

Quand la marchandise livrée n'est pas conforme au type convenu, on tient compte à l'acheteur ou au vendeur de la différence, au moyen d'une échelle de bonifications facile à déterminer, ce qui devient très simple.

Mais le prix courant du marché s'est formé d'après une base de qualité bien connue des deux parties.

Ainsi la place de Paris traite les blés sur la base d'une qualité pesant 77^{kg} par hectolitre. Or ce type sera très rarement fourni : les blés pouvant avoir 78^{kg}, ou 76^{kg}, 75^{kg}, 76^{kg},5, etc., etc.; on les ramènera au type de 77^{kg} au moyen de bonifications en faveur de l'acheteur ou du vendeur.

De même Vienne traite les blés sur un type de 75^{kg},5 par hectolitre.

Berlin, d'après un type de 713^{gr} par litre, équivalant à 73^{kg},9 par hectolitre.

Hambourg, d'après le type 126^{kg} (épreuve hollandaise), correspondant à 74^{kg},3 par hectolitre.

A New-York, le type est de 60 livres anglaises par bushel, correspondant à 77^{kg},25 par hectolitre.

A Londres, il y a un assez grand nombre de types, 480, 492, 496, 500, 504 livres par quarter. La notion devient moins nette.

A Marseille, elle ne paraît pas non plus très précise, cependant on semble tendre à adopter le type de 128^{kg} par charge de 160^{lit}, ce qui correspond à 80^{kg} par hectolitre, en attendant qu'on adopte franchement l'épreuve métrique, ce qui sans doute ne tardera pas.

Quoi qu'il en soit, ce sont ces bases de qualités qui, selon le langage du change, donnent le *certain* dans les transactions, les prix plus ou moins variables du marché formant l'*incertain*.

Avec les affaires qui se traitent sur échantillon, les deux termes sont incertains, ce qui rend impossible la notion nette d'un marché, et ce qui donne des tentations de tromperie réciproque.

DÉTERMINATION DU PRIX MARCHAND.

Les grains se vendent au volume ou au poids.

Il est évident que la vente au poids est le mode le plus rationnel et le plus simple, puisque, lorsqu'on vend au volume, on est obligé de stipuler en même temps le poids du grain sous l'unité de volume, c'est-à-dire la *qualité* du grain.

Ainsi, à Marseille, le blé se traite par *charge* de 160^{lit} ou 8 doubles décalitres, mais le vendeur garantit un poids minimum de la charge.

On est donc toujours finalement obligé de peser le grain, même quand on le vend au volume, afin de déterminer des réfactions ou des bonifications dont le calcul est plus ou moins compliqué.

L'usage de traiter les grains au volume tend à disparaître; toutefois, il est probable qu'il sera longtemps encore conservé par les Anglais, si fidèles à leurs anciennes pratiques.

Quoi qu'il en soit, quand on donne un prix en volume, il faut pouvoir le convertir en prix au poids ou réciproquement.

Nous voyons, par exemple, qu'à Marseille la *charge* à 128^{kg} est cotée 35^{fr} : pour avoir le prix des 100^{kg} nous poserons la conjointe

$$x^{lr} = 100^{kg},$$
$$128^{kg} = 35^{fr},$$

d'où

$$x = \frac{100}{128} \times 35 = 27^{fr},34 \text{ les } 100^{kg}.$$

Ces calculs n'offrent aucune difficulté quand les deux contractants opèrent avec le même système de poids, mesures et monnaies.

Il n'en est plus ainsi quand les systèmes sont différents ; seulement il faut remarquer une chose, c'est que, tandis que les rapports entre les poids et mesures de deux pays sont fixes, les rapports de leurs monnaies au contraire sont incessamment variables.

Ainsi, lorsque j'achète du blé à New-York, il me sera vendu au bushel de 60 livres anglaises (*avoir-du-poids*, $0^{kg},4536$), en dollars et cents. Il me sera facile d'avoir en dollars le prix des 100^{kg}, pour cela je poserai la conjointe

$$x \text{ dollars} = 100^{kg},$$
$$0^{kg},4536 = 1 \text{ livre américaine,}$$
$$60^{liv} = 1,45 \text{ dollars,}$$

d'où

$$x = \frac{100}{0,4536 \times 60} \times 1,45 = 5,328 \text{ dollars.}$$

Il est clair que le facteur $\dfrac{100}{0^{kg},4536 \times 60}$ est constant ; il est sensiblement égal à $3\,^2/_3$, de sorte que, étant donné le prix du bushel (60 livres) en dollars, pour avoir très approximativement le prix en dollars par 100^{kg}, il suffit de multiplier le prix du bushel par $3\,^2/_3$, ce qui se fait couramment ainsi par les parties aliquotes

$$3 \times 1,45 = 4,35$$
$$+\,^1/_2 \text{ de } 1,45 = 0,7025$$
$$+\,^1/_6 \text{ de } 1,45 = 0,2416$$
$$\text{Prix de } 100^{kg}\dots\dots\dots \quad 5,2941 \text{ dollars } (^1).$$

Du change. — Mais les dollars que nous avons à payer à New-York sont à leur tour une véritable marchandise qui se

---

(^{1}) Il y a, avec le résultat exact, une différence de $0,034$, correspondant à en-

vend plus ou moins cher à Paris, selon qu'elle est plus ou moins demandée, c'est-à-dire selon qu'on a plus ou moins à payer à New-York. Les rapports des dollars aux francs ne sont jamais fixes, ils varient dans les limites des *gold points* (¹), c'est-à-dire entre $5^{fr},16$ et $5^{fr},23$ par dollar. Ce qui équivaut à des différences de $0^{fr},38$ par 100^{kg}, et ce qui n'est plus négligeable.

Donc, pour avoir en francs le prix de 100^{kg}, il faut introduire dans la conjointe un nouveau rapport, le change à vue du dollar, soit $5^{fr},21$, au moment où nous écrivons. On posera donc

$$x^{fr} = 100^{kg},$$
$$0^{kg},4536 = 1 \text{ livre américaine (rapport fixe des poids)},$$
$$60 \text{ liv. améric.} = 1,45 \text{ dollar (cours du blé)},$$
$$1 \text{ dollar} = 5^{fr},21 \text{ (valeur actuelle du dollar)};$$

d'où

$$x = \frac{100}{0,4536 \times 60} \times 1,45 \times 5,21 = 27,76.$$

Le premier facteur est constant, et, comme nous l'avons vu plus haut, sensiblement égal à $3^2/_3$. Donc, dans la pratique avec *New-York*.

RÈGLE. — *Pour avoir rapidement le prix en francs, par* 100^{kg}, *du blé coté à New-York en dollars, par bushel, on formera le produit du cours du bushel par le change à vue du dollar, et l'on multipliera le produit par* $3^2/_3$.

---

viron 0,007 du prix des 100^{kg}. Cela tient à ce que le facteur constant

$$\frac{100}{0,4536 \times 60} = 3,674,$$

tandis que, pour simplifier, en vue d'un calcul rapide, nous prenons $3^2/_3 = 3,667$, différent du précédent de 0,007. Mais, comme nous l'avons déjà dit, dans les opérations sur le marché, quand il s'agit de traiter une affaire, la rapidité du calcul est plus nécessaire qu'une rigoureuse précision.

(¹) On appelle *gold point* le change à partir duquel l'or tend à sortir d'un pays ou à y rentrer. *Voir* notre Traité *Le Change et la Banque*, p. 106 et suiv.

Ainsi, faisant d'abord le produit

$$1,45 \times 5,21 = 7,55\,^1/_2$$

on aura ensuite, au moyen des parties aliquotes,

$$7,55\,^1/_2 \times 3 = 22,66\,^1/_2$$
$$+ \,^1/_2 \text{ de } 7,55 = 3,77\,^1/_2$$
$$+ \,^1/_6 \text{ de } 7,55 = 1,26$$
$$\overline{\qquad\qquad 27,70}$$

On voit qu'il y a une différence de $0^{fr},06$ avec le prix exact ; mais, pour le moment, il ne s'agit pas de faire une facture, il s'agit d'avoir un moyen aussi rapide que possible pour comparer les cours de New-York et de Paris. Le résultat qu'on obtient ainsi s'appelle une *parité*.

De même pour la Russie. Les blés d'Odessa se vendent au pud en copecks. Le copeck est la centième partie du rouble dont le cours en francs est variable.

On compte dans le commerce 61 puds pour une tonne métrique de 1000^{kg}.

Au moment où nous écrivons (septembre 1881), le pud est coté 155 copecks, et le rouble à vue (de 100 copecks) vaut $2^{fr},70$. Pour avoir le prix des 100^{kg} à Odessa, on posera

$$x^{fr} = 100^{kg},$$
$$1000^{kg} = 61 \text{ puds},$$
$$1 \text{ pud} = 155 \text{ copecks},$$
$$100 \text{ copecks} = 1 \text{ rouble},$$
$$1 \text{ rouble} = 2^{fr},70 ;$$

d'où

$$x = \frac{61 \times 155 \times 2,70}{1000} = 25,53.$$

Ainsi :

RÈGLE. — *Pour avoir la parité avec Odessa, on multiplie le cours du blé par le cours du change à vue, le produit par 61, et l'on divise par 1000* ([1]).

([1]) Nous devrons faire observer que ces règles, comme celles qu'on trouvera

Dans la plupart des cas on trouve ainsi des règles pratiques assez simples pour avoir une parité approximative ou exacte. Nous les indiquons à propos de chaque place.

Des Tables de parités. — Enfin, pour rendre cette recherche encore plus facile, nous donnons pour les principales places des Tables de parités de prix des blés, avec les places étrangères, dans des limites de cours et de changes assez étendues pour répondre aux fluctuations habituelles.

L'usage de ces Tables est extrêmement simple, comme celui des Tables de multiplication; on trouve le prix en francs à la rencontre d'une colonne verticale représentant les cours de la marchandise sur la place étrangère avec une colonne horizontale représentant le change de la monnaie étrangère.

Il est évident qu'on ne peut mettre qu'un certain nombre de cours, à moins de donner à ces Tables un développement qui les rendrait difficilement maniables. Mais on trouve aisément les cours intermédiaires au moyen des différences avec les cours donnés, qui sont sensiblement proportionnels aux écarts soit dans le sens vertical, soit dans le sens horizontal.

De la connaissance des changes. — Toutes les parités de marchandises supposent des opérations payables *au comptant,* car les cours ne peuvent être comparables qu'à cette condition (¹), par conséquent elles supposent que les achats ou les ventes se règlent par du papier à vue. Or les effets de commerce sont rarement à vue. Ceux sur l'étranger, qui portent plus spécialement le nom de *changes* et qui représentent des monnaies étrangères, se négocient d'après certains types d'échéances.

---

dans le courant de ce travail, n'ont pas été formulées avant nous, et nous prions messieurs les auteurs ou professeurs de vouloir bien tenir compte de cette note.

(¹) On pourrait sans doute les rapporter à une autre échéance, pourvu que cette échéance fût la même pour tous, mais ce serait une complication inutile, et d'ailleurs moins rationnelle que le comptant.

Ainsi, à Paris, les changes ont deux types d'échéance : le type à 90 jours et le type à vue ([1]).

Les cours du papier à vue sur Londres, la Belgique, la Suisse, l'Italie servent directement pour le calcul des parités, sans subir de modification.

Pour le papier à 3 mois, il faut le ramener à vue. Or, à Paris, on procède à cette opération d'une façon uniforme.

Voici la règle : *On ramène à vue le papier sur l'Allemagne, la Hollande, l'Autriche, l'Espagne et la Russie, en ajoutant au cours* (du papier dit *court* sur la cote) 1 *pour* 100 (qui représente l'intérêt de 3 mois à 4 pour 100).

Pour le papier sur les États-Unis, on ajoute $1\frac{1}{4}$ *pour* 100 (qui représente 3 mois d'intérêt à 5 pour 100.

Ainsi, nous lisons sur la cote de Paris :

Pétersbourg à courte échéance.............. 268 à 270

ce qui veut dire qu'un papier court de 100 roubles coûte de 268fr à 270fr, moyenne 269fr. Si nous voulons avoir le prix du papier à vue, il faut ajouter 1 pour 100 à 269, soit 2fr,69, ce qui donne 271,69 pour le cours servant à l'établissement de la parité, ou 2fr,7169 pour 1 rouble à vue.

De même, nous lisons sur la cote de Paris

New-York, courte échéance................... 515-517

Si nous voulons avoir du papier à vue, au cours moyen de 516fr
Nous ajouterons $1\frac{1}{4}$ pour 100, soit 5,16 + 1,29 6,45
Pour 100 dollars... 522,45

ou 5fr,2245 pour 1 dollar.

Pour l'établissement des parités de prix on se sert des cours de la cote, qu'à Paris, où nous sommes, on ramène à vue comme nous venons de le dire.

([1]) Nous n'avons pas à faire ici un traité de *change*, c'est une question spéciale qui a fait l'objet de notre précédent Ouvrage, intitulé : *Le Change et la Banque;* Delagrave, éditeur, Paris, 1881.

Les affaires de commerce et surtout de grand commerce, comme celles auxquelles donnent lieu les opérations en céréales, se font très rarement par une remise de l'acheteur au vendeur, ou du consignataire au commettant; c'est au contraire le vendeur ou le commettant qui fait traite sur l'acheteur à une échéance convenue, et au moment de l'expédition de la marchandise; ils réalisent leur opération en vendant leur traite à des banquiers qui la feront escompter dans le pays sur lequel elle est tirée, ou la feront vendre sur une autre place étrangère qui leur en donnerait un meilleur prix.

Mais ce sont là des opérations du commerce spécial des changes, dans lesquelles les négociants ordinaires ont rarement à entrer et qu'ils ne sauraient, en tout cas, faire mieux que les banquiers, malgré la commission que leur prennent ceux-ci. Il leur suffit de savoir lire et interpréter la cote de leur pays, celle de Paris pour nous, et la ramener à vue. Car, en général, les changes réciproques à vue d'une place sur l'autre sont actuellement trop voisins de leur parité pour que les négociants ordinaires aient à se préoccuper des petites différences qui peuvent se présenter sur les deux places.

Ainsi, quand le change à vue de Paris sur Londres est à 25,16, le change à vue de Londres sur Paris sera très sensiblement le même, peut-être 25,16 $^1/_2$ ou 25,15 $^1/_2$: différences insignifiantes pour les parités de marchandises.

De même, si le change à vue sur Hambourg est à 122,50, le change à vue de Hambourg sur Paris sera très voisin de 81,63 ([1]), et, pour avoir la parité du blé sur les deux places, il sera à peu près indifférent de prendre le change à vue de Paris sur Hambourg ou celui de Hambourg sur Paris; car les parités de marchandises ont pour but des opérations dans lesquelles les écarts doivent être beaucoup plus grands que ceux du commerce des métaux précieux ou des changes pour lesquels un

---

([1]) Deux places qui se donnent l'incertain sont à la parité, quand le produit des cours à vue est égal au produit des bases : 122,50 × 81,635 = 10 000 (*Le Change et la Banque*, p. 193 et suiv.).

demi, un quart, un huit, un seize pour 1oo sont à prendre en
considération.

Des frais fixes ou peu variables. — Les parités que nous
venons d'établir ne sont basées que sur le cours de la marchandise et le prix du change, parce que ce sont les éléments
les plus mobiles de la question et qu'il en faut faire le compte
à chaque instant. Mais à côté de ceux-ci il y a des frais qui ne
changent presque pas, par exemple les frais de chargement,
de déchargement, de douane, de commission, d'agents, etc.
On peut établir une fois pour toutes le quantum de ces frais,
par quintal, par hectolitre, quarter ou bushel, et on les ajoute
ou on les retranche de la parité obtenue.

Il est souvent utile d'évaluer approximativement le rapport
de ces frais au prix des grains eux-mêmes, dans certaines limites des cours, de façon à avoir une base pour arrêter les
affaires, en faisant certaines concessions sur les commissions
ou courtages.

Par exemple, à Marseille, au tarif spécial n° 4, les frais
de déchargement des blés sont, par 1oo kilogrammes,

Débarquement	0,20
Reconnaissance	0,08
Mise en sacs	0,10
Divers	0,04
Total par 100^{kg}	0,42

Si nous cherchons quel est le rapport de ces frais à divers
cours du blé, nous trouvons que

$$
\begin{array}{lll}
\text{De } 25^{fr},02\text{-}27,00 \text{ les frais sont} & 1\,{}^{5}/_{8} \text{ pour 1oo du prix} \\
\text{» } 27,00\text{-}29,00 & \text{»} \quad 1\,{}^{1}/_{2} & \text{»} \\
\text{» } 29,5o\text{-}32,25 & \text{»} \quad 1\,{}^{3}/_{8} & \text{»} \\
\text{» } 32,25\text{-}35,00 & \text{»} \quad 1\,{}^{1}/_{4} & \text{»}
\end{array}
$$

Les commissions varient de 1 à 2 pour 1oo du prix. On voit
qu'un courtier pourra prendre tous les frais à sa charge, en
fixant sa commission d'après les prix du grain, de façon à
arrêter l'affaire, tout en se ménageant un bénéfice.

Dans les affaires de grand commerce, la marchandise est ordinairement stipulée *rendue à bord* par le vendeur, qui fait son prix en conséquence. De même on la vend au pays d'arrivée à prendre *sous voile* ou en *cargaison flottante* et, dans ce cas, c'est à l'acheteur à faire le compte des frais de débarquement.

On comprend, en effet, que ceux qui achètent des chargements de navires et qui les vendent sont de gros capitalistes ou de grands négociants qui ne veulent pas entrer dans le détail des opérations secondaires qui regardent le commerce spécial et local des pays d'origine ou de destination.

Sur les principales places, le cours des grains s'établit en effet *à bord* et *sur navire*. Le négociant n'a donc en général qu'à se préoccuper du fret et de l'assurance.

FRETS ET TRANSPORTS.

Du fret. — Quant au fret, en raison de l'immense prépondérance de la marine anglaise, c'est celle-ci qui en règle le cours et les usages.

Le cours des frets est ordinairement stipulé en monnaies et en mesures anglaises, qu'il est nécessaire, par conséquent, de traduire en la monnaie et en la mesure du pays de destination des grains.

Les cotes se font par 500^{liv} ou par 2240^{liv} anglaises, en shellings et pences, ou par bushels de 60^{liv} en pences.

Et, pour la conversion de la monnaie anglaise, on adopte les changes fixes suivants :

      1 liv. st. ou 20 sh. ou 240 pences $= 25,25$ francs,
       »   »   » $= 12$ florins hollandais,
       »   »   » $= 20,50$ Reichmarks.

Supposons qu'on nous donne les cotes suivantes qu'il s'agit de transformer en francs par tonne métrique de 1000^{kg} :

FRETS :

      1° 500 liv. (poids) $= 1$ sh. 4 penc. $= 1,33$ shell.
      2° 2240   » $= 6$ sh. 7 penc. $= 6,583$ »
      3° 60   » $= 2\frac{1}{2}$ penc.

Nous poserons les conjointes après avoir converti les pence,
ou 12es du shelling, en fractions décimales du shelling :

$1°$

$$x^{fr} = 1000^{kg},$$
$$0,4536 = 1 \text{ liv. anglaise (avoir-du-poids)} (1),$$
$$500 = 1,33 \text{ shellings},$$
$$20 \text{ sh.} = 25,25 \text{ francs},$$

$$x = \frac{25,25}{4,536} \times 1,33 = 5,57 \times 1,33 = 7,41,$$

$2°$

$$x^{fr} = 1000^{kg},$$
$$0,4536 = 1 \text{ liv. angl.},$$
$$2240 = 6,583 \text{ sh.},$$
$$20 = 25,25.$$

$$x = \frac{25,25 \times 1000}{0,4536 \times 2240 \times 20} \times 6,583 = 1,24\tfrac{3}{4} \times 6,583 = 8^{fr},21,$$

$3°$

$$x^{fr} = 1000^{kg},$$
$$0,4536 = 1 \text{ liv. angl.},$$
$$60 = 2,5 \text{ pences},$$
$$240 = 25,25.$$

$$x = \frac{25,25 \times 10}{0,4536 \times 6 \times 24} \times 2,5 = 3,867 \times 2,5 = 9,67.$$

Dans la pratique, on peut, pour se rendre compte approximativement, à quelques centimes près, du coût du fret, prendre
des coefficients faciles à retenir et à calculer, même de tête.
Ainsi, en prenant pour coefficients

$$1° \quad 5,55, \qquad 2° \quad 1,25 = 1\tfrac{1}{4}, \qquad 3° \quad 3,87\tfrac{1}{2} = 4 - \tfrac{1}{8},$$

nous obtiendrons les résultats suivants, en multipliant par ces

---

(1) Au lieu du rapport $0^{kg},4536 = 1$ livre anglaise (avoir-du-poids) qui est
employé dans ces conjointes, on pourrait se servir du suivant :

$$441 \text{ livres anglaises} = 200 \text{ kilogrammes},$$

qui est plus simple et plus commode pour les calculs.

nombres les prix de frets correspondants, savoir :

1°
$$1,33 \times 5,55 = 665$$
$$665$$
$$665$$

Par tonne, fr. $\overline{7,3815}$

ou

$$133$$
$$133$$
$$133$$
$$\overline{14,763 : 2 = 7,3815}$$

2°
$$6,588 \times (1\tfrac{1}{4}) = 6,588$$
$$+ \tfrac{1}{4} \qquad 1,647$$
$$\text{fr. } \overline{8,235}$$

3°
$$2,5 \times (4 - \tfrac{1}{8})$$
$$2,5 \times 4 = 10$$
$$- \tfrac{1}{8} \text{ de } 2,5 = 0,31$$
$$\text{fr. } \overline{9,69}$$

On voit que ces résultats, dont le calcul est facile, sont assez voisins des résultats réels pour permettre de se rendre compte à première vue du prix d'un fret en mesures et monñaies anglaises. Donc :

RÈGLES PRATIQUES POUR LA CONVERSION DES FRETS ANGLAIS EN FRETS MÉTRIQUES ET EN FRANCS. — *Si la cote est par 500 livres anglaises, on multiplie les shellings et fractions décimales du shelling par 5,55, ou mieux encore par 11,1, et l'on prend alors la moitié du produit* (résultat un peu faible).

Si la cote est par 2240 livres anglaises (ton tallow, tonne de suif), on ajoute $\tfrac{1}{4}$ au chiffre des shellings et fractions décimales de shelling (résultat un peu trop fort).

Si la cote est par bushels de 60 livres et en pences, on multiplie les pences et fractions de pence par 4, et on retranche du produit le $\tfrac{1}{8}$ du chiffre des pences (résultat un peu trop fort).

Tarif normal et tarifs additionnels. — Les grains, comme on sait, n'ont pas tous le même poids sous le même volume, et comme la capacité d'un navire est limitée, il faut dans le fret tenir compte de l'élément volume.

Le tarif normal anglais s'applique aux blés et se calcule comme nous venons de le dire.

Pour les seigles, on comptera............ 2   pour 100 de plus
Pour les orges et graines oléagineuses..... 5   »
Pour les avoines..................... 22,5 pour 100

Les mêmes augmentations s'appliquent aux frets hollandais, dont le tarif normal est aussi pour le blé.

Sur les navires allemands, le fret normal s'applique aux seigles.

Les blés comptent 2 pour 100 en moins. Les orges et graines oléagineuses comptent 3 pour 100 en plus; les avoines 20,5 pour 100.

La Table ci-après donne en francs, florins hollandais et reichmarks les parités des frets anglais et américains exprimés en shellings et pences.

L'en-tête des colonnes indique suffisamment leur objet pour qu'il soit besoin de plus d'explications à cet égard.

Quant aux frets intermédiaires à ceux qui sont compris dans la Table, on trouvera facilement leurs parités par des différences proportionnelles de la colonne des francs.

Supposons, par exemple, qu'on nous donne pour 500 livres le fret de 1 shelling 4 pences, nous trouvons dans la Table 1 shelling 3 pences, qui équivaut à $6^{fr},96$, les 100^{kg}.

Nous avons à ajouter à ce nombre $\frac{1}{3}$ de la différence avec 1 shelling 6 pences qui représente $8^{fr},35$; la différence est $1^{fr},39$, dont le tiers est $0,46$; par conséquent le fret de 1 shelling 4 équivaudra en francs à $6,96 + 0,46 = 7^{fr},42$.

En raison du système monétaire anglais, la concordance des trois premières colonnes du Tableau de conversion des frets est seulement approximative.

Table de conversion des frets suivant les usages des diverses marines marchandes.

Changes fixes: 1 l. st. = 25,25 fr. = 12 fl. hollandais = 20,50 reichmarks.

SCHELLINGS ET PENCES		PENCES par american bushel de 60 livres anglaises.	FLORINS hollandais par 2400 kilogr.	REICHMARKS par 1000 kilogr.	FRANCS par 1000 kilogr.
p 500 livres anglaises.	par 2240 livres anglaises (ton tallow).				
sh — p	sh — p				
— 3	1 — 1 $^1/_2$	$^3/_8$	1,59	1,13	1,39
— 6	2 — 3	$^3/_4$	3,17	2,26	2,78
— 9	3 — 4 $^1/_3$	1 $^1/_{16}$	4,76	3,39	4,17
1 0	4 — 6	1 $^1/_2$	6,35	4,52	5,57
— 3	5 — 7 $^1/_2$	1 $^4/_5$	7,94	5,65	6,96
— 6	6 — 8 $^2/_3$	2 $^1/_6$	9,52	6,78	8,35
— 9	7 — 10 $^1/_3$	2 $^1/_2$	11,11	7,91	9,74
2 0	9 — 0	2 $^7/_8$	12,70	9,04	11,13
— 3	10 — 1	3 $^1/_4$	14,29	10,17	12,52
— 6	11 — 3	3 $^3/_5$	15,87	11,30	13,92
— 9	12 — 4	4	17,46	12,43	15,31
3 0	13 — 5 $^1/_2$	4 $^1/_3$	19,05	13,56	16,70
— 3	14 — 7	4 $^3/_4$	20,63	14,69	18,09
— 6	15 — 8 $^1/_2$	5	22,22	15,82	19,48
— 9	16 — 11	5 $^2/_5$	23,81	16,95	20,87
4 0	18 — 0	5 $^4/_5$	25,40	18,08	22,27
— 3	19 — 1	6 $^1/_8$	26,98	19,21	23,66
— 6	20 — 2	6 $^1/_2$	28,57	20,34	25,05
— 9	21 — 3	6 $^4/_5$	30,16	21,47	26,44
5 0	22 — 5	7 $^1/_5$	31,75	22,60	27,83
— 3	23 — 6 $^1/_2$	7 $^3/_5$	33,33	23,73	29,22
— 6	24 — 8	8	34,92	24,86	30,62
— 9	25 — 9	8 $^1/_4$	36,51	26,00	32,01
6 0	26 — 11	8 $^3/_5$	38,09	27,12	33,40
— 3	28	9	39,68	28,25	34,79
— 6	29 — 1	9 $^3/_8$	41,27	29,38	36,18
— 9	30 — 3	9 $^3/_4$	42,86	30,51	37,57
7 0	31 — 4	10 $^1/_2$	44,44	31,64	38,96
— 3	32 — 6	10 $^1/_2$	46,03	32,77	40,36
— 6	33 — 7	10 $^4/_5$	47,62	33,90	41,75
— 9	34 — 9	11 $^1/_6$	49,21	35,03	43,14
8 0	35 — 10	11 $^1/_2$	50,79	36,16	44,53
— 3	37	11 $^7/_8$	52,28	37,29	45,92
— 6	38 — 1	12 $^1/_4$	53,97	38,42	47,32
— 9	39 — 2	12 $^3/_5$	55,56	39,55	48,71
9 0	40 — 4	13	57,14	40,67	50,10
— 3	41 — 5	13 $^1/_3$	58,73	41,80	51,49
— 6	42 — 7	13 $^3/_4$	60,32	42,93	52,88

Transports par chemins de fer. — En France, les frais de transports minima par tonne et par kilomètre varient selon les distances ; mais ils sont en général fixes et par conséquent susceptibles d'être aisément déterminés. Le prix le plus bas est de 0,04 par tonne et par kilomètre, en wagons pleins. Ainsi sur l'Ouest, du Havre à Paris (226^{km}), les 1000^{kg} coûtent 8^{fr},50, frais de chargement, de déchargement et de gare compris.

Sur l'Est, d'Avricourt frontière (409^{km}), le prix est de 16^{fr},45 les 1000^{kg}.

Sur le Nord, le maximum de perception pour les grains est de 12^{fr} par tonne, y compris les frais de gare, de chargement et de déchargement.

Sur l'Orléans, pour les parcours au-dessus de 400^{km}, 0^{fr},04 par tonne et par kilomètre, plus 1^{fr},50 par 1000^{kg} pour frais de chargement, de déchargement et de gare.

Mêmes conditions sur le Paris-Lyon-Méditerranée.

Ces prix, dans les moments de disette, sont quelquefois réduits.

En général, les prix de transport sur les chemins étrangers sont moins élevés que sur les nôtres ; nous donnerons à cet égard quelques indications à propos des pays de production.

DE L'ÉQUILIBRE DES MARCHÉS.

Si l'on relève un même jour les cours du blé sur les principales places du monde et qu'on ramène ces cours à un même poids et en une même monnaie, par exemple à 100 kilogrammes et en francs de la valeur du jour des diverses monnaies, on aura le tableau suivant :

Cotes des parités du blé au 9 septembre 1881.

	QUANTITÉS COTÉES.	COURS DES BLÉS.	COURS DU CHANGE à vue.	PARITÉS.
				fr
Paris.	100 kilogr.	31,25 francs.	fr	31,25
New-York.	Bushel	1,45 dollars.	5,22 $^1/_2$	27,82 $^1/_2$
Odessa.	Tschetwert.	1,55 copecks.	2,70 $^3/_4$	25,61
Liverpool.	Quintal anglais.	11 shellings.	25,28	30,65
Londres.	Quarter 480 l.	54 »	25,28	31,34
Hambourg.	1000 kilogr.	236 marks.	123,47 $^1/_2$	29,14
Vienne.	100 »	13,35 florins.	114,12 $^1/_2$	28,58

La dernière colonne indique les prix comparatifs de 100^{kg} de blé sur les différentes places. Comme ces prix sont ramenés à une commune mesure qui permet de les comparer, on les appelle des *parités*.

Mais il ne faudrait pas conclure, à la simple inspection des parités, que si le blé est à 27^{fr},32 à New-York et à 31^{fr},25 à Paris, ou à 30^{fr},65 à Liverpool, il y ait un bénéfice sensible à l'acheter dans la première de ces villes pour le vendre dans les autres.

Les parités s'établissent sur les deux éléments mobiles du prix, qui sont le cours de la marchandise et le cours du change, sans y comprendre les éléments à peu près fixes : les frais divers d'embarquement, de fret, d'assurance, de débarquement, de commission, etc., etc.

Quand on fait le compte de ces frais et qu'on les ajoute aux parités les plus basses des places considérées, on trouve à peu près exactement les cours mêmes des places où ces marchandises sont demandées.

Ainsi, entre le prix de Paris et la parité de New-York, il y a une différence de 3^{fr},425. Cette différence correspond exactement aux frais de transport de 100^{kg} de blé de New-York à Paris; de même entre New-York et Liverpool ou Londres.

Les parités, ainsi obtenues, sont des *parités brutes*. Pour avoir les parités nettes, il faut ajouter ou déduire les frais selon qu'il s'agit d'un achat ou d'une vente.

En général, quand un chargement de blé part d'Amérique pour un des ports du nord de l'Europe, on se garde bien de dire auquel de ces ports ce navire est destiné, ce qui pourrait avoir de graves inconvénients pour l'opération qu'on se propose de faire. Mais, comme ce navire doit passer dans la Manche, c'est à Queenstown qu'il reçoit, par signaux ou autrement, son ordre de destination définitive. Voilà pourquoi les frets sont indiqués ainsi : *freight for grain sail to Queenstown per quarter* 4^{sh},9. Or ce fret de 4^{sh},9 (du 9 septembre 1881) correspond à 2^{fr},68 par 100^{kg}.

Si la parité du blé à New-York est................	27,82 $^1/_2$
En y ajoutant le fret jusqu'à Queenstown	2,68
Nous avons le prix de....................	30,50 $^1/_2$

qui se rapproche singulièrement de la parité de Liverpool 30,65, de celle de Londres 31,34, selon les distances respectives à Queenstown et certains frais spéciaux.

En tenant compte des frais de transport, les prix sont presque les mêmes sur les diverses places, et le commerce n'a guère de bénéfice à acheter sur l'une d'elles, pour vendre au même moment sur une autre; les cours sont nivelés avec une précision remarquable.

Lorsqu'on arrivera à déterminer pour chaque pays le prix de revient du blé, l'importance de la récolte, les besoins de la consommation générale, on déterminera en même temps le prix qu'il doit avoir sur les différentes places, qui ne seront séparées les unes des autres que par des différences de frais de transport.

Or, ce que la Statistique n'est pas encore en mesure de faire, on peut dire que le commerce le réalise d'instinct et d'une façon presque mathématique. Les cours sont, à chaque instant, la solution d'une formule, qui mettrait en équation la quantité de grains en circulation au moment même et les besoins de chaque place.

Il faut remarquer, en passant, qu'aujourd'hui le commerce des matières premières ne peut plus guère puiser ses bénéfices, ou même la plus stricte rémunération, dans des différences de prix au même moment, parce que ces différences, en réalité, n'existent pas.

Mais elles existeront toujours entre deux époques plus ou moins éloignées. Or, acheter à une époque pour vendre plus tard, c'est ce qu'on appelle proprement de la *spéculation,* d'autres diront du jeu, puisqu'il y a un élément complètement aléatoire et qui peut mettre en péril la fortune du commerçant.

Y a-t-il des dispositions qui permettent de conjurer ces périls? et à qui doivent incomber les risques de fluctuations du marché? Telles sont les questions que nous avons traitées ailleurs, mais dont nous devons cependant dire ici quelques mots.

DES OPÉRATIONS DE COMMERCE PROPREMENT DITES.

Elles se divisent en deux grandes classes :

1° Les opérations intérieures dans le même pays, ou sur la même place ;

2° Les opérations internationales, ou avec l'étranger.

1° DES OPÉRATIONS DE COMMERCE A L'INTÉRIEUR.

On distingue deux sortes de marchés :

Les marchés au comptant ;

Les marchés à livrer.

Les *marchés au comptant* sont ceux dans lesquels la livraison s'effectue immédiatement et se paye, soit au moment même, soit, suivant les usages de la place ou des conditions particulières, fin du mois courant, fin du mois qui suit la livraison, ou contre un règlement à telle ou telle date.

Le marché des grains n'a, à cet égard, rien de spécial ; les opérations au comptant ou par livraison immédiate se font comme dans tout autre commerce, et n'exigent pas d'explication.

Les *marchés à livrer* sont *fermes* ou *à primes ;* nous en emprunterons la description sommaire à l'*Annuaire des Halles et Marchés*.

Il existe trois sortes de marchés à livrer :

1° *Le marché sur navire désigné ou sur navire à désigner dans un laps de temps déterminé.*

Si, à l'époque fixée pour l'arrivée, le navire désigné n'est pas entré dans le port, l'acheteur a la faculté de proroger ou d'annuler le marché.

Si le navire se perd, le vendeur n'est pas tenu de le remplacer, ni l'acheteur d'en recevoir un autre à sa place.

Les avaries restent à la charge du vendeur.

2° *Le marché ferme* par lequel le vendeur s'oblige à livrer et l'acheteur à recevoir, dans le délai d'un ou de plusieurs mois, une quantité et qualité de blé déterminées.

Le vendeur primitif ne peut pas se soustraire à l'obligation de livrer, si la livraison lui est réclamée, mais l'acheteur peut transporter son marché à un autre qui est substitué à ses droits.

A cet effet, le vendeur primitif, propriétaire ou censé propriétaire de la marchandise, délivre à son acheteur immédiat un engagement signé par lui de livrer telle quantité de marchandise à tel délai. Cet engagement, que l'acheteur peut transmettre à son tour par voie d'endossement, porte le nom de *filière*.

Comme type de transmission de marchés fermes, de création, de circulation et de liquidation des *filières,* nous extrayons les articles suivants du *Règlement de la place de Paris* pour le marché des farines neuf marques.

DE LA FILIÈRE ET DE L'ENDOSSEMENT.

Art. 14. La livraison s'effectue par lots indivisibles de 100 sacs pour les farines, ou de 25 000^{ks} pour les grains, au moyen de formules dites *filières*, délivrées par la Commission et revêtues de son timbre.

Art. 15. La filière est la représentation effective de la marchandise. Elle sert d'offre réelle de livraison et se transmet par voie d'endossement. Elle ne peut comporter que 100 sacs (¹) d'une même marque et d'une date de fabrication d'un seul mois.

La filière est émise pour un mois désigné et ne peut servir absolument qu'à la livraison des ventes faite sur ledit mois.

Art. 16. La filière relate les principales obligations du créateur et des endosseurs. Elle porte au dos deux compromis, faisant souche, l'un par le créateur, avant l'émission, l'autre par le réceptionnaire s'il demande l'expertise, dans lesquels l'un et l'autre s'engagent, en cas de contestation, à accepter la sentence arbitrale de la Commission d'expertise.

Art. 19. Une filière, pour circuler, doit :

1° Émaner d'une maison de commerce patentée de la place de Paris ;

2° Porter en tête l'indication du mois à la livraison duquel elle est appelée à servir ;

3° Porter le timbre de la Commission des neuf marques et le visa de circulation apposé au Secrétariat ;

4° Indiquer le magasin ou se trouve la marchandise, la marque de la farine, la date du plomb et le numéro d'entrée, ainsi que le numéro d'ordre de la Commission de Règlement de Place ;

5° Être signée, ainsi que son compromis, par le créateur ;

6° Être visée de l'entrepositaire ;

7° Porter le timbre du liquidateur ;

8° Ne porter sur son texte, ni ratures, ni surcharges, ni grattages.

CHAPITRE II.

DE LA TRANSMISSION DE LA FILIÈRE ET DES LIQUIDATEURS.

Art. 20. La présentation de la filière a lieu au domicile de l'acheteur, tous les jours non fériés, de 9ʰ du matin à 4ʰ du soir, par les liquidateurs agréés par la Commission de Règlement de Place.

Toute personne habitant au delà des anciens boulevards extérieurs est tenue d'élire domicile dans l'ancien Paris ; sinon les mises en demeure et autres significations seront valablement faites au siège de la Commission de Règlement de Place, au Cercle commercial du Louvre.

Art. 21. Toutefois, par dérogation au premier paragraphe de l'article précédent, le dernier jour ouvrable de chaque mois et les deux premiers jours ouvrables du mois suivant, mais seulement pour terminer la liquidation des engagements échus, l'endossement des filières s'opère au siège de la Commission. [Pour les grains, les endos se donnent avec indication du prix de vente (art. 39 du marché des céréales)].

Art. 22. Le liquidateur, porteur de la filière, devient successivement le mandataire de chacun des endosseurs.

(¹) Ou 25 000ᵏᵍ de grains.

Il doit suivre la filière sans interruption, jusqu'à ce qu'il rencontre un destinataire.

Art. 23. Sur la présentation de la filière, l'acheteur doit immédiatement donner un endos ou déclarer, par écrit, qu'il arrête la marchandise. Faute de ce faire, il est considéré d'office comme destinataire et obligé de prendre livraison, conformément aux articles 33 et 34.

Art. 24. Chaque intéressé a le droit de surveiller, jusqu'à destination, la transmission de la filière; mais le liquidateur seul perçoit le prix d'endos, qui est de 1^{fr} par 100 sacs.

Art. 25. Tout créateur ou endosseur d'une filière, tout fabricant ou destinataire de la farine, est tenu de se conformer aux prescriptions du présent Règlement.

TITRE IV.

CHAPITRE PREMIER.

DES DROITS DU VENDEUR.

Art. 26. Le vendeur a le droit de livrer du premier au dernier jour du mois.
Il livre à son gré, soit en totalité, soit par fractions de 100 sacs (¹), en suivant l'ordre de date des contrats.

Art. 27. Dès qu'une filière circule, les endos doivent être donnés sans aucun délai. Lorsque l'acheteur désigné par un endos refuse d'endosser ou d'arrêter une filière ou se trouve dans l'impossibilité de le faire, le liquidateur est tenu d'aviser immédiatement l'endosseur précédent, lequel aura la faculté de donner de suite un autre endos, en payant un nouveau droit.
En cas de refus constaté sur la filière par le liquidateur, l'endosseur sera réputé destinataire définitif de la marchandise et il sera tenu d'en prendre livraison.

Art. 28. Si le destinataire refuse de prendre livraison, il sera immédiatement mis en demeure, par courtier assermenté, à la requête tant du dernier endosseur que du créateur de la filière, avec déclaration que, faute d'exécution, il sera procédé, à la Bourse du lendemain, à ses risques et périls et par ministère d'un courtier assermenté, à la revente de la marchandise. Cette revente ne sera soumise à aucune autre formalité qu'une simple attestation, délivrée par ledit courtier dans les vingt-quatre heures.
Cette attestation, accompagnée de la facture, sera présentée, dans un autre délai de vingt-quatre heures, par le liquidateur, au nom du créateur de la filière, au destinataire directement responsable de la perte et tenu au payement immédiat, et, à défaut de payement par ce dernier, aux cédants successifs éga-

---

(¹) Ou de 25 000^{kg} pour les grains.

lement obligés dans l'ordre ascensionnel des endossements et comme tels tenus de payer, à défaut par leurs cessionnaires de le faire à présentation.

·Chaque cessionnaire jouira d'un délai de vingt-quatre heures pour recourir contre son cédant et, ce délai expiré, il sera forclos.

CHAPITRE II.

DES DROITS DE L'ACHETEUR.

Art. 29. Par la seule échéance du terme et sans qu'il soit besoin de sommation, le vendeur est en demeure, à l'expiration du dernier jour d'un mois, d'exécuter son obligation. Toutefois, il est accordé audit vendeur, comme délai de grâce, pour effectuer sa livraison, jusqu'au surlendemain à 4^h30^m. Si l'un ou l'autre jour est férié, ce délai est prorogé au jour suivant jusqu'à la même heure.

Art. 30. A défaut d'exécution, l'acheteur pourra, sans mise en demeure préalable, considérer la vente comme résolue à son profit, pour la quantité non livrée, sur le cours de midi 15 du premier jour accordé comme délai de grâce, ou bien faire racheter cette quantité, par courtier assermenté, aux frais, risques et périls du vendeur, à la Bourse du second jour.

Jusqu'à la limite du délai de grâce, les livraisons partielles, par 100 sacs à la fois, doivent être acceptées par l'acheteur, l'effet de l'exigibilité réservé pour le surplus.

Art. 31. Les rachats ne seront valables qu'autant qu'ils auront été affichés, la veille, au siège de la Commission du Règlement de Place, avant 1^h de l'après-midi et, à la Bourse, avant 5^h30^m. Cet affichage sera constaté au siège de la Commission, par son secrétaire, et, à la Bourse, par le courtier procédant à la vente.

En cas de réclamation sur le cours de résiliation ci-dessus mentionné, ou sur la sincérité d'un rachat, la Commission de Règlement de Place statuera souverainement.

Art. 32. Le rachat ne sera soumis à aucune autre formalité qu'une simple attestation délivrée, dans les vingt-quatre heures, par le courtier qui aura procédé au rachat.

Cette attestation, accompagnée de la facture, sera présentée, dans un autre délai de vingt-quatre heures, par le liquidateur, au nom de l'acheteur non livré, à son vendeur directement responsable de la perte et tenu au payement immédiat.

Chacun des intéressés successifs, auxquels remontera l'attestation de rachat, jouira d'un délai de vingt-quatre heures contre son propre vendeur, et, ce délai expiré, il sera forclos.

CHAPITRE III.

DE LA LIVRAISON DÉFINITIVE.

Art. 33. L'acheteur qui arrête une filière est tenu d'en donner au liquidateur une déclaration signée.

Il a jusqu'au lendemain, 4ʰ, pour reconnaître la marchandise et pour faire savoir au créateur s'il accepte ou refuse la farine.

Art. 34. S'il accepte la marchandise, il doit la payer dans les quarante-huit heures de l'arrêt de la filière.

S'il la refuse, il doit demander l'expertise et procéder comme il est dit à l'article 52.

Art. 35. La livraison est faite aux risques et péril du livreur, celui-ci ayant le droit d'exiger le payement avant l'enlèvement de la marchandise.

Par contre, le réceptionnaire a le droit de payer, à son choix, soit contre le bon de livraison, soit au magasin même contre remise de la marchandise.

Art. 36. Toute réclamation pour manque de poids sur la marchandise livrée doit être faite, sous peine de forclusion, dans les huit jours du payement de la facture, et être accompagnée d'un bulletin de pesage délivré par le magasinier, constatant le poids moyen de dix sacs.

Les frais de pesage sont à la charge du livreur et le manque de poids se règle au cours officiel du jour du payement de la marchandise.

CHAPITRE IV.

DISPOSITIONS GÉNÉRALES.

Art. 37. Les marchés sont soumis à la compensation, telle qu'elle est réglée par les article 1289 et suivants du Code civil, mais cette compensation se fera à partir du 16 de chaque mois, et la liquidation aura lieu obligatoirement et par échange de factures, entre le vendeur et l'acheteur, pour les farines qui n'auraient pas été livrées du 1ᵉʳ au 15 du mois (¹).

Quiconque est débiteur par compensation a le droit de se libérer dès le 1ᵉʳ du mois.

Art. 38. En cas de cessation de payement de la part de l'une des parties contractantes, le marché sera résilié au profit de l'autre partie, si bon lui semble, et sur le cours du jour, tant pour les quantités échues que pour celles restant à échoir, à la charge par elle de déclarer, soit par acte extra-judiciaire, soit par lettre recommandée, qu'elle entend user de ce droit.

Art. 39. Quiconque aura contrevenu sciemment au présent Règlement ou se sera soustrait à un jugement de la Commission de Règlement de Place sera déchu du droit d'émettre des filières pendant six mois.

Comme on le voit, la *filière* est assez analogue à un billet à ordre ; seulement, tandis que celui-ci oblige le souscripteur à un versement d'espèces à un jour déterminé et, à son défaut,

---

(¹) Il est clair, par exemple, que l'acheteur qui ne veut pas prendre livraison peut, si le vendeur y consent, revendre à ce dernier la même marchandise, en tenant compte de la différence du prix s'il y a lieu.

les endosseurs successifs, la filière oblige son créateur à une livraison de marchandises, qui sont, ou sont censées, être en sa possession au moment de l'émission de l'instrument de circulation.

Au moment de la livraison, le créateur de la filière perçoit le prix de la marchandise qu'il livre et que lui paye celui qui a définitivement arrêté la filière, à moins qu'il ne se compense avec lui, ce qui revient au même, et les endosseurs se liquident entre eux selon les prix de ventes successives par voie de compensation.

Les cotes du marché se présentent de la façon suivante, par exemple :

Paris, 2 novembre 1881.

		fr
Blé	disponible	31,75
»	courant	31,00
»	prochain	31,25
»	4 premiers mois	31,50
»	4 mois de mars	31,50

Les trois premières cotes se comprennent sans avoir besoin d'explication.

Les marchés qui se font sur les quatre premiers mois indiquent que le vendeur doit livrer par quart la quantité convenue, à partir du mois de janvier; la fin de chaque mois étant la limite de chaque livraison partielle que l'acheteur doit toujours être en mesure de recevoir pendant tout le cours du mois, à moins qu'il n'ait indiqué un autre acheteur.

Même chose pour les quatre mois à partir de mars.

On voit que ces sortes de marchés soumettent ceux entre les mains desquels ils passent à toutes les fluctuations du cours, à tous les aléas de la hausse ou de la baisse. Ils deviennent souvent en effet une cause de ruine pour les uns ou les autres.

DES MARCHÉS A PRIMES.

Les marchés à prime sont à *prime simple* ou à *prime double :* voici la définition qu'en donne l'*Annuaire des Halles et Marchés,* 1881, p. 295 :

« *Les marchés à prime simple* laissent au payeur de prime la faculté de prendre ou de ne pas prendre livraison de la marchandise, s'il se porte comme acheteur ;

» De donner ou de ne pas donner livraison de la marchandise, s'il se porte comme vendeur ;

» Si le marché entraîne la réception ou la livraison, la prime est réglée en facture.

» Elle se paye à part s'il n'y a pas de réception ou de livraison. Dans les *marchés à prime double*, le payeur d'une prime double n'a pas seulement la faculté de prendre ou de ne pas prendre livraison de la marchandise ; il peut lui-même fournir la quantité indiquée dans le marché : d'acheteur qu'il était, il devient vendeur ; mais, dans un cas comme dans l'autre, il doit payer la prime, c'est-à-dire que, s'il reçoit la marchandise, la prime est ajoutée au prix convenu, et que s'il la livre, elle en est déduite.

» Quelquefois la prime se paye d'avance. Dans tous les cas, elle reste acquise au receveur, même en cas de non-réponse aux époques fixées.

» La liquidation des primes se fait généralement le 15 et le dernier jour du mois. Les réponses se font d'ordinaire le soir à la Bourse ; mais souvent il est stipulé sur les marchés qu'elles doivent se faire avant midi. »

Les *marchés à primes* sont généralement regardés comme des affaires de pure spéculation ; il est de fait que, la plupart du temps, ils n'ont d'autre objet que le jeu sur la hausse ou la baisse. Assurément, s'ils n'étaient que cela, ils ne mériteraient pas une étude sérieuse, mais ils ont heureusement une fonction plus utile. Ils sont d'ailleurs mal connus ; les ouvrages qui en traitent sont à la fois erronés et inintelligibles ; la définition que nous venons de citer de ces marchés prouve que, dans le commerce ordinaire, on ne les comprend pas très bien.

En réalité, il n'y a qu'une seule sorte de prime, les deux autres résultant de la combinaison de cette prime avec du ferme.

Ce n'est pas le lieu de donner ici ces démonstrations, que nous avons faites ailleurs ([1]). Nous devons nous borner à quelques indications pratiques qui montreront comment, dans le commerce ordinaire de gros et de demi-gros, les primes doivent être maniées.

Supposons, ce qui n'existe pas actuellement, un marché aux grains parfaitement organisé, c'est-à-dire suffisamment pourvu de capitaux et de marchandises pour que toute opération puisse se liquider immédiatement ou se reporter à des conditions raisonnables ; et prenons l'avoine, qui se traite par 250^{qx}, c'est-à-dire par une quantité que le consommateur achète rarement d'un seul coup.

Un commerçant en grains écoule, par exemple, dans sa clientèle 1000^{qx} d'avoine par mois, et par fractions de 40^{qx} à 50^{qx} qu'il livre aux cours du marché avec un bénéfice moyen et normal pour le détail et le demi-gros de 2 à 3 pour 100.

Le cours des avoines pour fin prochain est de 20^{fr} les 100^{kg}, on trouve à les acheter avec le droit, en payant une prime de 0,25 par quintal, de prendre ou de ne pas prendre livraison.

Il peut faire des marchés fermes avec ses clients ou des marchés à commission, sans avoir rien à craindre de la hausse ou de la baisse, s'étant assuré contre cette dernière moyennant la prime payée de 0,25 par quintal.

Si les avoines sont en hausse, rien de plus simple : il demande livraison à son vendeur et livre lui-même à ses clients avec un bénéfice plus ou moins considérable selon l'écart.

Si les avoines sont en baisse, il abandonne sa prime, il achète et livre aux cours du marché, plus 2 à 3 pour 100, soit 0,40 à 0,60 en plus qui, diminués de 0,25 pour prime payée, lui laissent encore un bénéfice de $0^{fr},15$ à $0^{fr},35$.

Il a donc pour lui toutes les chances de hausse ; et la baisse

---

([1]) *Principes de la science du commerce,* Ch. Delagrave éditeur. — *Physiologie et mécanique sociales,* chez l'auteur, 110, avenue de Villiers. Prix : 3 fr. *Envoi franco.*

ne peut le constituer en perte, puisqu'elle n'attaque que son bénéfice.

Si, par une circonstance quelconque, le décès par exemple, son commerce était interrompu et que les avoines fussent en baisse notable, sa succession ne perdrait que la prime de 250ᶠʳ, moyennant quoi l'opération est liquidée d'elle-même.

Si le négociant a en même temps une clientèle de cultivateurs qui le chargent de vendre leurs avoines sur le marché, il pourra très légitimement vendre pour son compte par une prime à livrer, qui le garantit contre la hausse. En cas de baisse, il livre et prend à cet effet la marchandise de ses clients au cours du marché; en cas de hausse, il abandonne sa prime pour la vendre directement.

Enfin, s'il a à la fois une clientèle de vendeurs et une clientèle d'acheteurs, il pourra réunir les deux marchés précédents par un *marché à prime double* qui le fera bénéficier de la hausse ou de la baisse, quelles qu'elles soient, sans aucun préjudice pour ses clients, ni danger pour lui-même.

Il peut même encore, s'il veut leur être agréable, prendre ou donner dans certaines limites d'écart, et s'y engager ferme.

Il peut aussi, quand il a fait un marché à prime et que quelque circonstance l'empêche d'y donner suite, repasser ce même marché à un de ses confrères, en profitant encore de certaines éventualités.

Les marchés à primes, ainsi pratiqués, ne sont donc pas plus du jeu que l'acte d'un négociant faisant assurer ses marchandises contre les risques de naufrage ou d'incendie.

En général, partout où il y a un risque à courir on voit naître une assurance plus ou moins appropriée à la mesure du risque; or les fluctuations des cours sont un risque pour le commerce.

Mais nous n'avons jusqu'ici considéré que les *payeurs de primes;* il s'agit de savoir maintenant quel est le rôle des *receveurs de primes,* c'est-à-dire des assureurs contre les risques de hausse ou de baisse; car, ce qu'il y a de curieux, les auteurs qui parlent des primes ne s'occupent ordinairement que de ceux qui les payent.

Les receveurs de primes, les assureurs en réalité, sont de gros commerçants qui sont ou sont censés être toujours en mesure de prendre livraison de la marchandise en cas de baisse, ou de la livrer en cas de hausse, et qui couvrent leurs risques au moyen des primes qu'ils reçoivent.

Au fond ils reçoivent une prime du vendeur à prime, et une autre de l'acheteur à prime pour les assurer tous deux, le premier contre la hausse, le deuxième contre la baisse.

Mais la prime à livrer n'est pas autre chose qu'un achat à prime combiné avec une vente ferme.

Donc le receveur de primes, qui fait la contre-partie des payeurs de primes, se trouve acheteur de ferme et vendeur du double à primes (¹).

Supposons, pour donner un exemple simple, qu'on ait fait les opérations suivantes sur les avoines.

En liquidation du mois prochain :

Le	7	acheté...	1000 quintaux	19,80	ferme
		vendu...	2000 »	19,80	et 0,25 de prime
Le	10	acheté...	1000 »	19,90	ferme
		vendu...	2000 »	19,90	et 0,25 . »
Le	12	acheté...	1000 »	20,00	ferme
		vendu...	2000 »	20,00	et 0,25
Le	17	acheté...	1000 »	20,10	ferme
		vendu...	2000 »	20,10	et 0,25 »

Nous en passons écritures, et le transport au grand livre donne le compte courant ci-après.

(¹) Nous supposons le cas le plus simple dans lequel les détenteurs de marchandises, vendeurs, font exactement équilibre aux acheteurs, et où les opérations des uns et des autres se feraient aux mêmes cours. Dans la réalité il n'en est pas tout à fait ainsi.

Il faut noter aussi que les primes qui se font sur les marchandises s'ajoutent au cours du ferme ; tandis qu'en Bourse le cours des primes est plus ou moins indépendant de celui du ferme.

| DATES. | ACHATS | | COURS. | CAPITAUX. | DATES. | VENTES | | COURS. | CAPITAUX. |
	fermes.	à primes.				fermes	à primes.		
7	1000		19,80	19 800	7		2000/25	19,80	500
10	1000		19,90	19 900	10		2000/25	19,90	500
12	1000		20,00	20 000	12		2000/25	20,00	500
17	1000		20,10	20 100	17		2000/25	21,10	500
						4000		19,45	77 800
	4000			79 800		4000			79 800

Ceci fait, nous établissons la situation du compte aux
divers cours, de façon à connaître notre position, selon le
cours de réponse des primes. Cette situation s'établit comme
ci-dessous :

Situation du compte avoine en liquidation du..........

ACHATS.	PIED des primes.	VENTES.	BÉNÉFICE ou perte.	QUANTITÉ restante.	COURS.	OBSERVATIONS.
4000					19,45	Primes abandonnées.
	19,80	2000	Bén. 1400	A. 2000	19,10	
	19,90	2000	» 1600	Liquidé.		
	20,00	2000	» 1600	V. 2000	20,80	
	21,10	2000	» 1400	V. 4000	20,45	Primes levées.

Elle nous apprend qu'au-dessous de 19,80 nous restons acheteur de 4000 quintaux qui seront livrés, et qui ressortent à
19,45 ;

Qu'à partir de 19,80 jusqu'à 19,90 nous ne restons plus
acheteur que de 2000 quintaux qui nous seront livrés et qui ressortent à 19,10. Par conséquent, si la réponse des primes se
faisait, par exemple, au cours de 19,85, on serait en bénéfice de 1500[fr].

De 19^{fr},80 à 20^{fr} on est liquidé, les ventes compensent les achats avec un bénéfice de 1600^{fr};

De 20 à 21,10, on sera vendeur de 2000 à 20,80. Par conséquent, si on les livre au cours de réponse des primes supposé de 20,05, on sera encore en bénéfice de 1500^{fr};

Enfin, à partir de 20,10, on est vendeur de 4000 dont la contre-partie demandera livraison et qui ressortiront à 20,45.

On voit donc que, si le négociant qui reçoit les primes est obligé de prendre livraison, les avoines qu'il reprend lui ressortent à 19,45, et qu'en livrant on les lui paye 20,45.

Mais, par hypothèse, disposant de gros capitaux et de quantités considérables de marchandises, il est toujours dans la possibilité de livrer ou de lever et garder, puisque les primes qu'il reçoit diminuent de plus en plus son prix de revient.

Il est évident que, s'il y a une baisse telle que le négociant assureur soit obligé de prendre livraison, les détenteurs d'avoines n'en enverront pas au marché; les bas prix solliciteront les acheteurs et, le mois suivant, le négociant vendra plus de primes qu'il n'aura de ferme à acheter. Si ses primes lui sont encore abandonnées, elles diminueront d'autant le prix de revient de ses avoines; si elles sont levées, il les aura nécessairement vendues avec bénéfice, parce que, évidemment, la baisse n'aura guère dépassé le cours de 19,80 à 19,75 à partir duquel tout lui est livré.

Il est clair que dans la pratique les choses ne se présentent pas aussi simplement.

Mais il n'y a pas lieu d'entrer ici dans plus de détails à ce sujet : le public ni les commerçants eux-mêmes n'y sont pas préparés. Il est très peu de nos lecteurs qui comprendront ce que nous venons de dire. Il faut avoir étudié sérieusement ce mécanisme difficile et délicat des marchés libres pour entrevoir leur rôle dans la circulation des produits et dans l'approvisionnement général des sociétés modernes.

On se préoccupe beaucoup, en ce moment, de la question

du Crédit agricole ; on cherche à le constituer par des combinaisons ordinaires de banque ; à notre avis, on est dans une fausse voie. C'est par la mise en circulation des produits, d'une façon bien plus large qu'elle ne se fait actuellement, qu'on appellera vers l'agriculture les capitaux qui lui manquent, et qui ne viendront pas à elle tant que les facilités de transmission et de réalisation feront défaut, par suite de l'organisation insuffisante des marchés et des bourses de commerce.

C'est une affaire d'instruction commerciale ; malheureusement celle-ci est dans l'enfance. Les commerçants les mieux intentionnés fondent des écoles, mais un enseignement ne se fait pas seulement avec de bonnes intentions, et on en a la preuve dans ce qui se passe actuellement (¹).

2° DES OPÉRATIONS INTERNATIONALES.

Voici comment on estime, par année moyenne, les importations et les exportations de blé pour les différents pays :

	Importations.	Exportations.
France..............	5 000 000[hllit]	»
Russie..............	»	17 000 000
Espagne	»	800 000
Italie...............	3 000 000	»
Grande-Bretagne......	35 000 000	»
Autriche-Hongrie	»	7 000 000
Belgique............	2 500 000	»
Portugal............	500 000	»
Pays-Bas............	1 800 000	»
Danemark...........	»	900 000
Suède	200 000	»
Suisse..............	2 500 000	»
Norwège............	350 000	»
États-Unis	»	60 000 000
Algérie.............	»	1 000 000
Indes et divers pays...	»	3 000 000
Totaux........	50 850 000	89 700 000

(¹) Il n'y a encore en France que l'École supérieure de Commerce de Marseille qui soit au courant des progrès de la science et de l'art du commerce. Quant à l'étranger, dont on vante les écoles, il s'en faut de beaucoup qu'elles méritent la réputation qu'on leur a faite. Ce sont simplement de bonnes écoles primaires.

L'Allemagne ne figure pas ici parce que sa production suffit à ses besoins et ne donne lieu ni à importations ni à exportations.

Nous donnons ce tableau tel que nous le trouvons dans 'Annuaire des Halles et Marchés (1881-1882). A la place de l'en-tête de la colonne *Exportations*, il vaudrait mieux mettre *Excédents de production*, car on ne comprend pas un chiffre d'exportation dépassant celui de l'importation.

Quoi qu'il en soit, il semble résulter de ces données, dont nous ne garantissons pas l'exactitude, qu'il se fait, par année moyenne, un mouvement international d'environ 5o millions d'hectolitres de froment et qu'il resterait un excédent annuel d'environ 3o millions d'hectolitres.

Si ces données sont exactes, il en résulte nécessairement que cet excédent va en s'accumulant dans les pays de production, et qu'il doit avoir pour conséquence d'obliger ceux-ci à vendre leurs blés au prix de revient, en comprenant dans ce prix l'intérêt normal des capitaux engagés dans la production, ce que nous avions déjà trouvé antérieurement.

Mais il nous paraît imprudent de tirer des conséquences trop absolues de statistiques qui sont évidemment insuffisantes et dont on peut révoquer en doute l'exactitude.

Ainsi, en France, la récolte de 1879 n'a été que de 79356000^{hlit}, d'après les documents officiels, ce qui, au poids moyen de 75^{kg} par hectolitre, ne ferait que 59517000 quintaux métriques.

Nous trouvons, d'autre part, que, depuis août 1879 à fin juillet 1880, on a importé 21812446 quintaux métriques de blé, ce qui fait en tout 81330000 quintaux métriques, représentant, sans doute, à peu de chose près, la consommation réelle du blé en France par année moyenne.

Comme la production moyenne annuelle est estimée à 100000000^{hlit}, faisant à peu près 75 millions de quintaux métriques, on voit qu'il manquerait à la France, par année moyenne, environ 6 à 7 millions de quintaux métriques, représentant 8 à 9 millions d'hectolitres, tandis que l'on considère que, lorsque la récolte a atteint 100 000 000[hlit], il resterait en France un excédent disponible de plus de 4 millions d'hectolitres ainsi qu'il résulte de l'état ci-dessous, emprunté au *Bulletin de la Société des Agriculteurs de France* :

Emploi d'une récolte moyenne de céréales en France (1).

(Les nombres expriment des milliers d'hectolitres.)

NATURE des grains.	EN SEMENCES.	POUR			QUANTITÉS disponibles.	TOTAUX de la production.
		l'alimentation de l'homme.	la nourriture des animaux.	les besoins de l'industrie.		
Froment........	14 994	72 000	4 365	4 457	4 184	100 000
Méteil et épeautre	1 396	6 716	259	155	177	8 703
Seigle.........	3 909	15 391	1 517	600	3 421	24 898
Orge..........	2 364	6 210	5 397	4 051	2 493	20 515
Avoine........	8 195	1 625	42 216	3 091	25 993	81 120
Maïs..........	226	4 154	2 533	186	1 548	8 647
Sarrasin.......	549	5 471	2 204	214	2 439	10 877
Millet.........	10	212	72	27	28	349
Totaux.......	31 643	111 779	58 623	12 781	40 283	255 109

Les documents plus ou moins officiels ne sont donc pas d'accord, ni sur le chiffre de la production ni sur l'importance des besoins.

Néanmoins, tout en n'accordant aux statistiques qu'une confiance modérée, il ne ressort pas moins des chiffres incomplets et inexacts qu'elle nous fournit que le commerce des céréales donne lieu à d'immenses transactions, à des mouvements de fonds et de capitaux considérables qui exercent sur le marché monétaire une influence prépondérante, et qui

---

(1) L'alimentation de l'homme comprend en outre :

	kg
Pommes de terre....................	34 677 000
Châtaignes.......................	2 856 900
Farineux divers...................	54 000

tendent de plus en plus à s'effectuer avec une précision très remarquable.

Indépendamment des connaissances générales qu'il suppose et dont nous avons, dans ce qui précède, établi les bases, le commerçant en céréales a besoin de connaître les usages spéciaux des divers marchés qui vont former la deuxième Partie de ce travail.

USAGES DE PLACES.

Marché de Paris.

Le marché aux grains de Paris est réglé par une Commission de neuf membres élus au scrutin et renouvelable tous les ans, par tiers et par voie de roulement, au 1ᵉʳ janvier de chaque année.

Un directeur nommé par la Commission est chargé de l'administration.

La Commission et le directeur sont irresponsables : leurs décisions ne peuvent donner lieu à aucune action en justice.

Voici quelles sont les dispositions principales du règlement :

1° Au sujet de la qualité des grains ;
2° Au sujet des expertises ;
3° Au sujet de l'exécution des engagements.

QUALITÉ DES GRAINS.

MARCHÉ AU BLÉ ([1]).

Art. 4. Le blé doit être d'essence tendre et de bonne qualité.

Art. 5. Sont admis :
1° Tous les blés français et d'Algérie ;
2° Les blés étrangers suivants ;

([1]) Extrait du Règlement du marché aux Blés de Paris, du 16 avril 1881.

Blés d'Australie et de la Nouvelle-Zélande ;
  »   de Californie et de l'Orégon ;
  »   de l'Amérique du Nord ;
  »   d'Italie, d'Espagne et de Portugal ;
  »   de Danemark, d'Allemagne et des contrées de l'Autriche ayant fait partie de l'ancienne Confédération germanique.

Les blés jaunes tendres de Pologne et de Hongrie.

Les blés d'Angleterre... }
  »   de Chili....... } aux conditions spéciales stipulées à l'article 9.

Art. 6. Sont exclus : les blés étuvés, les blés durs, les sortes dites mitadins, poulards ou gros blés, les blés de printemps dits blés de mars, et tous les blés qui, par leur nature, sont d'une valeur commerciale inférieure à la bonne qualité.

Art. 7. La présence dans le blé de plus de 2 pour 100 de grains durs et demi-durs, mitadins, poulards ou gros blés suffit pour le rendre refusable.

Il est également refusable s'il contient (indépendamment des grains durs ou demi-durs, mitadins, poulards ou gros blés) plus de 5 pour 100 de déchet (criblures, petit blé cassé, grains, graines ou corps étrangers se rencontrant naturellement avec le blé).

Toutefois au-dessus de 3 pour 100, il sera bonifié au preneur :

> 1 pour 100, si le blé contient de 3 à 4 pour 100 de déchet
> 2   »   »   4 à 5   »

Sauf les exceptions prévues à l'article 8.

Le poids total de tout ce qui est corps étranger au blé ne doit pas excéder 2 pour 100.

La détermation du déchet sera faite à la main en ce qui concerne les corps étrangers, et au moyen d'un crible approuvé par la Commission (déposé à la direction) pour le petit blé et le blé cassé.

Les certificats d'expertise et les filières indiqueront la quotité du déchet quand il dépassera 3 pour 100.

Art. 8. Le présent marché a pour base le poids de 77^{kg} nets par hectolitre, sauf pour les provenances dont il est question à l'article 9.

Une tolérance de 2^{kg} par hectolitre est accordée au livreur, mais il aura à faire les bonifications suivantes :

> 1 pour 100, si le blé pèse entre 77^{kg} et 76^{kg} $^{1}/_{2}$
> 2   »   »   76 $^{1}/_{2}$ et 76
> 3   »   »   76   et 75 $^{1}/_{2}$
> 4   »   »   75 $^{1}/_{2}$ et 75

Les blés pesant :

> 77^{kg},500 jusqu'à 78^{kg} auront droit à 3 $^{1}/_{2}$ pour 100 de déchet sans réfaction
> 78   »   78 500   »   4   »   »
> 78 500 »   79   »   4 $^{1}/_{2}$ »   »
> 79   et au-dessus   »   5   »   »

Cette dernière disposition ne s'applique ni aux blés anglais, ni aux blés de Chili.

Le mesurage à la trémie conique est le seul mode admis pour la vérification du poids spécifique du blé.

Art. 9. Les blés anglais ne seront admis au Marché de Paris qu'avec un poids spécifique de 79^{kg} nets à l'hectolitre, le blé de Chili qu'avec un poids spécifique de 78^{kg}.

Une tolérance de 2^{kg} est accordée au livreur, mais il aura à faire les bonifications suivantes :

POUR LE BLÉ ANGLAIS.

1 pour 100, si le blé pèse entre	79^{kg}	et 78^{kg} 1/2
2 » »	78 1/2	et 78
3 » »	78	et 77 1/2
4 » »	77 1/2	et 77

POUR LE BLÉ DE CHILI.

1 pour 100, si le blé pèse entre	78^{kg}	et 77^{kg} 1/2
2 » »	77 1/2	et 77
3 » »	77	et 76 1/2
4 » »	76 1/2	et 76

Les blés anglais et de Chili ne doivent entrer dans aucun mélange sous peine de refus.

Les certificats d'expertise et les filières des lots sujets à réfaction porteront une mention indicative.

MARCHÉ AU SEIGLE([1]).

Art. 2. Le marché a pour base le seigle français de qualité saine, loyale et marchande.

Toutefois, sont admis les seigles de toutes provenances équivalant comme qualité aux seigles français.

Art. 3. Le présent marché a pour base le poids de 72^{kg} nets par hectolitre.

Une tolérance de 3^{kg} par hectolitre est accordée au livreur, mais il aura à bonifier :

1/2 pour 100, si le seigle pèse entre	72^{kg}	et 71^{kg} 1/2
1 » »	71 1/2	et 71
1 1/2 » »	71	et 70 1/2
2 » »	70 1/2	et 70
2 1/2 » »	70	et 69 1/2
3 » »	69 1/2	et 69

([1]) Extrait du Règlement du marché aux Seigles de Paris, du 16 avril 1881.

Le mesurage à la trémie conique est le seul mode admis pour la vérification du poids spécifique du seigle.

MARCHÉ AUX AVOINES (¹).

Art. 2. L'avoine doit être de bonne qualité.

Art. 3. Le présent marché a pour base l'avoine *noire* du poids de 47^{kg} nets par hectolitre.

Une tolérance de 2^{kg} par hectolitre est accordée au livreur, mais il aura à bonifier :

1	pour 100, si l'avoine pèse entre	47^{kg}		et	46^{kg} $^1/_2$
2	»	»	46 $^1/_2$	et	46
3	»	»	46	et	45 $^1/_2$
4	»	»	45 $^1/_2$	et	45

Le mesurage à la trémie conique est le seul mode admis pour la vérification du poids spécifique de l'avoine.

Néanmoins et par dérogation aux dispositions précédentes, seront admises en livraison les avoines grises et blanches, moyennant une allocation ainsi fixée :

1^{fr} »	par 100^{kg} pour l'avoine grise,	
1^{fr} 50^e	»	l'avoine blanche.

Ces allocations sont indépendantes des bonifications qui doivent être faites si l'avoine pèse entre 45^{kg} et 47^{kg}.

Est considérée comme avoine noire l'avoine grise de Beauce de printemps.

Est considérée comme avoine grise l'avoine rouge de diverses provenances françaises.

Seront considérées comme avoines grises les avoines bigarrées qui contiendront au moins 45 pour 100 d'avoines noires.

Sont exclues les avoines rouges à grosse écorce de provenance étrangère ou d'Algérie et les avoines noires étuvées de Finlande.

Art. 4. La présence dans l'avoine de plus de 3 pour 100 de poussière, criblures, grains, graines ou corps étrangers se rencontrant naturellement avec l'avoine suffit pour la rendre refusable.

Les prix se cotent par 100^{kg} nets, valeur comptant, sans escompte. A moins de conventions spéciales, la toile est fournie par l'acheteur.

Le prix s'entend pour marchandises en gare d'arrivée (hors Paris),

Le courtage pour affaires à terme est de $0^{fr},05$ par 100^{kg},

---

(¹) Extrait du Règlement du marché aux Avoines de Paris, du 16 avril 1881.

dans les affaires au comptant de $^1/_2$ $^0/_0$, commission 2 $^0/_0$.

Voici quels sont les frais à l'entrepôt, dans les magasins généraux :

Blés, seigles, orges, avoines et colzas.

		fr
Entrée. Par sacs de 100^{kg} bruts	....	0,10
Sortie » »	....	0,10
Magasinage par 100^{kg} et par mois	....	0,08
Assurance par 1000^{fr} »	....	0,40
Entrée, mise en couche et vidages les 100^{kg} en vrac..		0,12
Sortie, mise en sacs et réglage	....	0,12
Assurance par 1000^{fr} et par mois	....	0,40
Tarardage les 100^{kg} bruts	....	0,25
Criblage	....	0,15
Pelletage	....	0,04

Les mélanges sont payés suivant l'importance du travail.

Les graines et grains qui doivent être livrés à la mesure et non au poids payent un supplément de 0^{fr},05 par 100^{kg} de manutention à la sortie.

Lorsque les sacs d'une partie de marchandises ne sont pas réglés à un poids uniforme et que le pesage de tous les sacs devra être fait, il est perçu 0^{fr},60 par 1000^{kg} pour ce pesage.

Marseille.

Marseille est un des principaux marchés de céréales.

La *qualité* des grains s'estime d'après l'épreuve dite *marseillaise*, c'est-à-dire d'après le poids en kilogrammes de la *charge* de 160^{lit}.

Mais cette place ne paraît pas avoir adopté un type bien net servant de base aux transactions. Celles-ci se font, pour ainsi dire, par des arrangements particuliers dans lesquels le vendeur s'engage à livrer à l'acheteur un grain dont la qualité varie entre des limites de 3^{kg}, 4^{kg} ou 5^{kg}, c'est-à-dire entre un maximum et un minimum de poids (¹).

______

(¹) Il est clair que le vendeur ne livrera que le poids minimum, et il aura souvent recours à des manœuvres abusives pour le faire atteindre à sa marchandise ;

Ainsi, si l'on vend à $^{130}/_{126}$, cela veut dire que le blé pèsera au maximum 130^{kg}, et au minimum 126^{kg} à la charge.

Lorsque le maximum est dépassé, c'est-à-dire si la charge de blé pèse plus de 130^{kg}, ou plus de 128^{kg}, selon ce qui est convenu, l'acheteur en profite sans augmentation de prix.

Pour les deux premiers kilogrammes manquant, la bonification due à l'acheteur par le vendeur est *au pair*, c'est-à-dire qu'il est tenu compte du manque de poids au prix convenu. Ainsi, s'il manque 1^{kg},50 à 30^{fr} la charge du poids de 130^{kg}, ce qui donne $^{3}/_{13}$ de franc pour le prix du kilogramme, on déduira simplement les $^{3}/_{13}$ de 1^{kg},50 ou 0^{fr},346.

Mais si le manque de poids dépasse 2^{kg}, les deux premiers kilogrammes manquants sont bonifiés au pair, et le surplus au double. Ainsi, supposons qu'il manque 3^{kg},50, on bonifiera à l'acheteur :

Les 2 premiers kilogrammes, au pair, soit.... 2^{kg}
Le 1^{kg},50 en plus, au double............. 3
Total................ 5^{kg}

à 30^{fr} les 100^{kg}, ou $^{15}/_{13}$ de franc $= 1^{fr}$,154.

Les deux premiers kilogrammes sont bonifiés *un pour un*, et tous les suivants *deux pour un, tant que l'acheteur a convenance à recevoir.*

A la fin de la réception, il est établi un poids moyen, qui sert de base aux bonifications d'après le maximum. On pèse une charge par 50 charges, au choix de l'acheteur.

Si l'acheteur ne consent pas à recevoir son blé, la série de 50 charges, dont le poids n'a pas été atteint à l'épreuve, est repoussée. Ainsi, sur 1000 charges, si 12 pesées n'at-

---

tandis que l'acheteur compte tout au moins sur le poids moyen. Il est étonnant qu'une place comme Marseille n'ait pas des usages plus nets et plus corrects. Mais il convient d'ajouter que la plupart des grandes maisons de Marseille vendent aujourd'hui aux 100^{kg}, tels quels, c'est-à-dire sans garantie de poids à l'hectolitre ou à la charge, quand il s'agit de blés supérieurs connus, comme les provenances de Pologne; s'il s'agit de qualités inférieures ou peu connues, on garantit un poids à la charge, ou bien on vend sur échantillon.

teignent pas le poids, 600 charges (12×50) sont repoussées par l'acheteur, frais au compte du vendeur.

Si la réception a lieu en transbordement, l'usage admet 1^{kg} en moins, tant pour le maximum que pour le minimum, c'est-à-dire, par exemple, que $^{128}/_{124}$ à quai correspondent à $^{127}/_{123}$ en transbordement. En d'autres termes, 127^{kg}, poids réel, en transbordement, équivalent en usance à 128^{kg} à quai. Dans ce cas, le vendeur accorde à l'acheteur une bonification qui est fixée par le traité généralement à $0^{fr},70$ par charge, quelquefois $0,50$.

Quand le blé s'achète du bord, c'est sous la condition de *marchand et de recette, franc de pourri, mouillé ou avarié.*

Dans les rapports de Marseille avec les autres places françaises, particulièrement avec Paris, on a besoin de convertir les *charges* en hectolitres, ou les hectolitres en *charges,* ce qui d'ailleurs est facile. Voici les règles pratiques.

1° Conversion des quantités.

Pour convertir les charges en hectolitres, on ajoute au nombre de charges la moitié et le dixième de ce nombre.

<pre>
Ainsi, soient à convertir en hectolitres...... 52   charges.
On ajoute au nombre de charges la moitié... 26   »
            »   le dixième..   5,2   »
                                              ─────
On a le nombre d'hectolitres...... 83,2
</pre>

Inversement :

Pour convertir les hectolitres en charges, on prend la moitié du nombre d'hectolitres et on y ajoute le quart de cette moitié.

Ainsi soient à convertir en charges 96 hectolitres :

<pre>
La moitié de 96 = 48
Le quart de 48 = 12
                 ────
Total...   60 charges,
</pre>

ce qui est infiniment plus simple et plus vite fait que de chercher dans des barêmes.

2° Conversion des poids.

Quand on donne le poids de la charge en kilogrammes, pour avoir le poids correspondant de l'hectolitre on prend la moitié du poids de la charge et on y ajoute le quart de cette moitié.

Ainsi, supposons le poids de la charge de 126^{kg}; pour avoir le poids de l'hectolitre, on prend :

<pre>
La moitié de 126....................   63^kg
On y ajoute le quart de 63   15,75
                                        ─────
        On a le poids de l'hectolitre...   78,75
</pre>

Connaissant le poids de l'hectolitre de blé, on aura le poids de la charge en ajoutant au poids de l'hectolitre la moitié et le dixième de ce poids.

<pre>
Soit, par exemple, le poids de l'hectolitre...   77^kg
On y ajoute la moitié...................   38,50
   »   le dixième   7,70
                                                 ─────
On a le poids de la charge...........   123,20
</pre>

3° Conversion des prix.

Si l'on connaît le prix de la charge en francs, pour avoir le prix de l'hectolitre on prend la moitié du prix de la charge et on y ajoute le quart de cette moitié.

Ainsi, soit 38^{fr} le prix de la charge; pour avoir le prix de l'hectolitre, nous prendrons :

<pre>
                                                  fr
La moitié de 38^fr.....................   19,00
Nous y ajouterons le quart de 19^fr......   4,75
                                                 ─────
Nous avons le prix de l'hectolitre....   23,75
</pre>

Si l'on donne le prix de l'hectolitre en francs, on aura le prix de la charge en ajoutant au prix de l'hectolitre la moitié et le dixième de ce prix.

Ainsi le prix de l'hectolitre étant de.....	23,75 fr
Nous y ajouterons la moitié...........	11,875
» le dixième	2,375
Nous avons le prix de la charge.....	38,000

Quant à la comparaison des cours entre les marchés de Paris et de Marseille, il est évident qu'il faut adopter une base fixe de qualité, de façon à n'avoir à comparer que les prix.

Marseille n'ayant pas de base fixe, il faut naturellement prendre celle de Paris, qui est de 77^{kg} par hectolitre, et y ramener Marseille par les bonifications d'usage sur cette place.

Par exemple, le cours du blé à Paris est de 32^{fr} les 100^{kg} pour du grain au type de 77^{kg} à l'hectolitre; quel serait, à Marseille, le prix de la charge cotée $^{128}/_{123}$?

Le calcul est assez compliqué. Le type de 77^{kg} à l'hectolitre correspond à 123,20 pour le poids de la charge.

Donc, sur le type de $^{128}/_{123}$, l'acheteur aurait droit à une bonification au pair pour les deux premiers kilogrammes manquants, et à une bonification double pour le surplus.

Soit x le prix de la charge à 128, le prix à payer à l'acheteur sera

$$x \left(1 - \frac{2}{128} - \frac{2,80 \times 2}{128} \right),$$

et pour 100^{kg}

$$x \left(1 - \frac{2}{128} - \frac{2,80 \times 2}{128} \right) \frac{100}{128} = 32^{fr}.$$

Résolvant, il vient

$$x = 43^{fr},18,$$

parité du prix de Paris.

RÈGLE. — *Pour avoir la parité à Marseille, sur le type de 128^{kg} par charge, du cours à Paris par 100^{kg}, il faut multiplier le cours de Paris par 1,35.*

Ainsi, 32^{fr} étant le cours à Paris par 100^{kg},

$$32 \times 1,35 = 43^{fr},20$$

sera *la parité de la charge* à Marseille.

Et inversement,

Pour avoir, d'après le cours de Marseille, sur le type de 128^{kg}, la parité à Paris, on multipliera le cours de la charge à Marseille par 0,74.

Ainsi

$$43,20 \times 0,74 = 32^{fr}.$$

Si le type marseillais était de 127^{kg} par charge, il faudrait augmenter de $^1/_3$ le cours des 100^{kg} à Paris, ou diminuer de $^1/_3$ le cours de la charge à Marseille, ces coefficients, bien entendu, ne devant être usités que pour les calculs rapides dans lesquels on veut se rendre compte très approximativement de la différence des cours.

On comprend cependant que Marseille, recevant des blés de provenances fort diverses et dont la qualité est variable, ne soit pas, au point de vue du marché, dans les mêmes conditions que Paris, qui peut former de toutes ces qualités un mélange type.

Voici les poids habituels de la charge pour les diverses provenances :

BLÉS TENDRES.

	A la charge.	A l'hectolitre.
	kg kg	kg kg
Alexandrie	114 à 118	71,25 à 73,75
Danube	118 à 122	73,75 à 75,50
Pologne	120 à 123	75,00 à 76,875
Salonique	121 à 124	75,625 à 77,50
Mariopoul	125 à 128	78,725 à 80,00
Rechelles	124 à 130	77,50 à 81,25

BLÉS DURS.

	A la charge.	A l'hectolitre.
Anatolie	120 à 123	75,00 à 76,875
Taganrog	124 à 127	77,50 à 79,375
Odessa	125 à 128	78,125 à 80,00
Manfredonia	129 à 131	80,625 à 81,50

Voici, du reste, les rapports de rendement de diverses mesures françaises et étrangères avec la charge de Marseille.

	Charges.
100 hectolitres de France	62 $^1/_2$
100 charges de Toulon	102
100 tonneaux d'Afrique	850 à 860
100 quarters d'Angleterre	175 à 180
100 sacs d'Angleterre	80
1 last de Hollande	18
1 last de Hambourg	20 $^1/_2$
455 boisseaux États-Unis (bushels)	100
100 tchetwertz mer Noire ou Azoff	132 mer Noire / 130 » d'Azoff
100 quilots Ibraïla	420
100 » Galatz	260
460 » Constantinople	100
122 $^1/^2$ » Salonique	100
100 émines de Gênes	73 $^1/_2$
100 sacs de Livourne	44
100 salmes de Malte	175
100 stérils de Sardaigne	31
100 tomolis de Naples	33 $^1/_3$
100 rubbis de Rome	166
100 fanegas d'Espagne-Portugal	33 $^1/_2$
230 quarteras d'Espagne	100
100 stages de Trieste ou Venise	50 $^1/_2$
100 ardebs d'Alexandrie	108-110
100 rubbis de Nice	175
140 cautares d'Italie	100
100 chamboudis d'Alexandrette	48 $^1/_2$
100 tchetwerts, avoine d'Odessa	88
100 » » mer d'Azoff	86

Burgos, Varna, toute la Roumélie et la Turquie comme à Constantinople.

Tandis qu'à Marseille les blés continuent à se traiter par charge de 160^{lit}, ce qui est une anomalie fâcheuse pour une place française, on commence à traiter les seigles, les orges et les maïs par 100^{kg}.

Les avoines de provenance russe ou turque se traitent en francs, par 110^{kg}, qui correspond au mode antérieur de les coter par charge de 240^{lit}.

Le courtage est de $^1/_2$ pour 100, la commission de 2 pour 100, mais, en fait, elle est souvent inférieure.

Les affaires se traitent ferme, à prime simple ou double, et le plus souvent sur navire désigné ou à désigner dans un laps de temps déterminé.

Les droits de ville pour mesurage sont :

Sur quai, pour les blés, $0^{fr},06$ par charge, soit $0^{fr},0375$ par hectolitre;

En transbordement, $0^{fr},05$ par charge, ou $0^{fr},03125$ par hectolitre.

Ils se payent par l'acheteur et par le vendeur. Aux docks on évite le droit de ville.

Les frais de débarquement sont, pour les blés tendres, de $3^{fr},20$, et pour les blés durs, de $3^{fr},60$ par 100^{kg}; pour les orges $2^{fr},75$, et pour les avoines $1^{fr},50$.

Les frais de transit du quai au chemin de fer, par la Compagnie des Docks, sont de $5^{fr},15$ par tonne métrique, soit $0^{fr},51\ 1/2$ les 100^{kg}.

Voici, du reste, un compte simulé d'achat de 1000 charges de blé, reçues en sacs, contenant chacun une charge et expédiées par chemin de fer en transit.

	fr c
1000 charges blé tendre, en 1000 sacs fournis par l'acheteur, au poids garanti de 128^{kg}, à quai, criblé; reçues au poids moyen de 128^{kg}, à 40^{fr} la charge............	40000,00
Escompte, 1 pour 100................................	400,00
	39600,00

Frais :

	fr	
Courtage, $1/3$ pour 100..........................	132	
Poids publié pour épreuve......................	4	
Portefaix à $0^{fr},20$ la charge....................	200	
Emballeur à $0^{fr},10$ la charge................	100	
Au maître portefaix, $0^{fr},02$ la charge.............	20	
Menus frais et douane.........................	10	
		466,00
		40066,00
Commission, 2 pour 100.............................		801,32
Valeur comptant à Marseille.................		40867,32
1000 charges à $128^{kg} = 128000^{kg}$, coûtent.............		40867,32
Soit, par 100^{kg}....................................		31,93
Camionnage en gare..................................		0,25
Prix de revient par 100^{kg}, en gare..........		32,18

Si nous observons comment sont établis des comptes de ce genre, nous remarquerons qu'il y a d'une part des frais proportionnels aux prix, qui sont les escomptes, courtages et commissions, et, d'autre part, des frais proportionnels aux quantités ou fixes. Ces derniers peuvent être ramenés à un tant pour cent du prix lui-même. Ainsi, nous avons comme frais proportionnels aux quantités et frais fixes :

		fr
Par charge, le chargement		0,20
» l'emballage		0,10
» la prime au maître-portefaix		0,02
Le camionnage à la gare, 0^{fr},25 par 100^{kg} ou pour 128^{kg}.		0,32
Les frais divers de 14^{fr} par 1000 charges, ou par charge		0,014
Total des frais par charge		0,654

Si nous calculons la proportion de ces frais au prix de la charge, par exemple dans les limites de 35^{fr} à 45^{fr}, et si nous y ajoutons les frais, proportionnels aux prix, d'escompte, de commission et de courtage, nous trouverons que dans les limites de cours de la charge, en déduisant directement le prix des 100^{kg}, il suffira d'ajouter à ce prix 3 pour 100 pour avoir le prix de revient des 100^{kg} rendus en gare.

Par exemple, sur l'exemple précédent, à 40^{fr} les 128^{kg} :

	fr
Les 100^{kg} donneront	31,25
Plus 3 pour 100 de frais	0,9375
	32,1875

Il n'y a qu'une différence de $^3/_4$ de centime.

Si le prix de la charge était de 38^{fr} pour 128^{kg},

	fr
Ce qui ferait ressortir les 100^{kg} à	29,69
En ajoutant 3 pour 100	0,89
Le prix de revient des 100^{kg} en gare serait.	30,58

Si les blés, au lieu d'être expédiés en transit, devaient entrer en France, on aurait à y ajouter 0^{fr},60 par 100^{kg} pour la douane.

Plus, bien entendu, les frais de chemin de fer, à environ 0^{fr},04 par tonne et par kilomètre.

Pour avoir à Marseille les parités avec les places étrangères, on pourra se servir des Tables faites pour 100^{kg}, et les ramener au poids de la charge, 125^{kg}, 126^{kg}, 128^{kg}, selon le type adopté, ce qui est évidemment très facile.

Ainsi,

Pour 125^{kg}, on ajoutera ¼ à la parité trouvée,
»   126   »   ¼ plus 1 centième,
»   127   »   ¼ » 2 »
»   128   »   ¼ » 3 »

Supposons qu'on ait trouvé pour la parité des grains, à Odessa,

	fr
Que les 100^{kg} valent...........................	24,58
Pour la charge de 125^{kg}, on ajoutera ¼...........	6,145
Parité de la charge à 125^{kg}............	30,725
Si la charge est 126^{kg}, on ajoutera 1 pour 100......	0,2458
Parité de la charge à 126^{kg}............	30,9708
Si la charge est 127^{kg}, on aura encore + 1 pour 100.	0,2458
Parité de la charge à 127^{kg}, etc.........	31,2166

Voici, du reste, comment s'établit un compte de blés d'Odessa, à bord et en rade de Marseille. Blé Irka à 128/124. Cours à Odessa du tchetwert pesant 10 puds 7 livres, rendu franco à bord : 10,65 roubles argent. — Cours du rouble argent : 3,18. On posera la conjointe :

$$x^{fr} = 1 \text{ charge,}$$
$$130 \text{ charges} = 100 \text{ tchetwerts,}$$
$$1 \text{ tchet} = 10,65 \text{ roubles argent,}$$
$$1 \text{ r. arg.} = 3,18 \text{ francs,}$$

$$x = \frac{106 \times 10.65 \times 3.18}{130} = 26,05$$

$$\text{Assurance} = 0,35$$
$$\text{Fret et chapeau} = 3,15$$

Prix de la charge du poids réel de 125^{kg},5 = 29,43

Le Havre.

La qualité du grain s'y estime par le poids en kilogrammes de l'hectolitre. Bien que le Havre soit une place importante, il n'y a pas de règlement de marché au blé, comme à Paris et à Marseille. Les affaires se traitent sur une qualité dite *loyale* et *marchande*.

Les blés se cotent en francs par 200^{kg}, escompte 1^{fr},25 pour 100.

Les seigles, les orges et les avoines se cotent par 100^{kg}, sans escompte.

Le courtage est de 0^{fr},25 pour 100, payé à la fois par l'acheteur et le vendeur. La commission varie de 1 pour 100 à 3 pour 100.

Dunkerque.

Les grains, de provenance étrangère, se cotent :

	kg
Les blés, par	80
Les seigles, par	70
Les orges, par	100

Le courtage est de 0^{fr},25 par 100^{kg}.

La qualité s'estime d'après l'épreuve métrique ; le mesurage à la trémie conique.

La marchandise se traite *à vue et agréée*, ou *conforme à un échantillon convenu*. Dans le premier cas, l'acheteur n'a évidemment aucun recours comme question de qualité. Dans le second cas, au contraire, pour une différence dans la livraison qui peut s'élever jusqu'à 10 pour 100 de manquant de poids, le vendeur donne une bonification proportionnelle à l'acheteur ; au-dessus de 10 pour 100, l'acheteur peut refuser la marchandise.

Les affaires à terme se traitent sur la base de *la qualité moyenne de l'année*. La différence donnant droit à bonification peut s'élever à 10 pour 100.

Compte du transit à Dunkerque :

Mise en sac	0,25
Pesage	0,15
Mise en wagons	0,3750
	0,7750

Belgique.

Les poids, mesures et monnaies sont les mêmes qu'en France. Les grains se traitent au poids. Le principal marché des grains, blés et seigles est à Anvers.

Les affaires se traitent par 100^{kg}, net, en entrepôt, sur wagon, ou par transbordement, les cours en francs payables à trente jours, à partir de la livraison ou mise à disposition.

Le courtage est de 0^{fr},10 par hectolitre; provision 1 à 2 pour 100.

Les affaires à livrer se font sur échantillon, ou sur *qualité moyenne des arrivages* ou d'après un poids minimum à l'hectolitre.

Suisse.

Les poids, mesures et monnaies sont les mêmes qu'en France. Les grains se traitent uniquement au poids. Il se fait très peu d'affaires en seigles. Les principaux marchés sont Zurich, Bâle et Romanshorn, où sont des entrepôts considérables qui reçoivent principalement les grains d'Amérique par Rotterdam et le Rhin.

A Zurich, les grains se cotent par 100^{kg} et viennent de Romanshorn.

Courtage, 1/2 pour 100; commission, 1 1/2 pour 100.

Les frais de livraison et de pesage sont à la charge du vendeur.

La Suisse fait peu d'affaires en grains avec la France; elle reçoit d'Amérique, de Bavière et des Principautés danubiennes.

Italie.

Les grains se traitent tantôt au volume par hectolitre, tantôt au poids par 100^{kg} ou quintal.

La qualité s'estime sur échantillon, ou par le poids à l'hectolitre. A *Gênes,* les affaires en grains se traitent au quintal de 100^{kg} (à l'exception des provenances du Levant qui se font à l'hectolitre), à trente jours de date et 2 pour 100 d'escompte.

Courtage, 0^{fr}, 25 par hectolitre ou par quintal.

Les blés tendres doivent peser 85^{kg} par hectolitre.
 »   durs   »   82   »

Le vendeur doit bonifier à l'acheteur les différences en moins ; l'acheteur profite des excédents de poids.

A *Livourne*, le vendeur paye 1 pour 100 de courtage, l'acheteur $^1/_2$ pour 100 par 100^{kg}. La commission est de 2 pour 100, le ducroire 1 pour 100.

Ces trois pays sont cotés à vue à Paris. La comparaison des cours ne présente donc aucune difficulté, puisqu'ils sont établis dans la monnaie commune de l'Union latine. Mais on a toujours à tenir compte des frais divers, de transport, de pesage, etc.

États-Unis de l'Amérique du Nord.

MESURES ET POIDS. — La mesure de capacité pour les grains est le bushel de Winchester (ancien bushel anglais $= 35^{lit}, 238$).

On compte 33 bushels américains pour 32 bushels anglais (Imperial Bushel). Le poids est l'ancienne livre anglaise *avoir-du-poids* $= 0^{kg}, 4536$.

Le quintal (cental) est de 100 livres anglaises.

DÉTERMINATION DU RENDEMENT. — Le rendement s'évalue par la quantité de bushels à l'acre ($0^{ha}, 4047$); pour le convertir en rendement à l'hectare, on multiplie le nombre de bushels à l'acre par 0,871. Ainsi 15 bushels à l'acre font $15 \times 0,871 = 13^{hlit}, 06$ à l'hectare.

DÉTERMINATION DE LA QUALITÉ. — Elle se constate par le poids en livres anglaises du bushel. Pour la convertir en kilogrammes à l'hectolitre (épreuve métrique), on multiplie les livres par

1,287. Ainsi, si à l'épreuve américaine on trouve 59^{liv} par bushel, à l'épreuve métrique on aura $59 \times 1,287 = 75^{kg},95$ à l'hectolitre.

Pour l'épreuve marseillaise, on multiplie par 2,059; ainsi $59 \times 2,059 = 121^{kg},48$ par charge de 160^{lit}.

Dans le commerce, la qualité moyenne s'estime

> Pour le blé (Wheat) à.... 60^{liv} par bushel
> le seigle (Rye)...... 56   »
> l'orge (Barley)...... 48   »
> l'avoine (Oats)...... 32   »

USAGES DE PLACE. — New-York, Philadelphie et Baltimore cotent les grains en dollars et cents par ancien bushel ($35^{lit},238$), tandis que San Francisco, Chicago et les autres places américaines cotent par quintal (cental) de 100 livres anglaises.

Voici, par exemple, quelle est la cote de New-York (9 septembre, 1881) pour le blé rouge d'hiver.

> Wheat red winter on the spot (sur place)   1,45 dollar (pour 1 bushel)
> »   delivery (en livr.) courant month. $1,44\ ^3/_4$
> »   »   october........ 1,47
> »   »   november..... 1,49

> Freigth for grain sail to Queenstown per quarter...   4 sh. 9
> (Fret pour grains à destination de Queenstown par
>   quarter)......................................

DU CHANGE SUR NEW-YORK. — Paris cote New-York à trois mois. Nous lisons, par exemple, sur notre cote du 9 septembre :

> New-York, 3 mois..... 5,17 et 5 pour 100;

ce qui veut dire que, pour avoir du papier à vue sur New-York, il faut ajouter au cours à trois mois, qui est 5,17, les intérêts de ce cours pendant trois mois, c'est-à-dire $1^1/_4\ ^0/_0$, qui font $0,06\ ^1/_2$, ce qui donne pour la valeur du papier à vue sur New-York, $5^{fr},22\ ^1/_2$ pour 1 dollar.

DE LA PARITÉ DES COURS ENTRE NEW-YORK ET PARIS. — Connaissant le cours d'un bushel au poids marchand de 60 livres anglaises, et le change à vue du dollar, quelle est la valeur correspondante de 100^{kg} en francs?

Soit 1,45 dollars le cours du bushel à New-York, et 5,22 $^1/_2$ le change à vue du dollar. Le bushel est de 60 livres, et la livre équivaut à 0^{kg},4536. Nous poserons la conjointe :

$$x^{fr} = 100^{kg},$$
$$0,4536 = 1 \text{ livre anglaise},$$
$$60 = 1 \text{ bushel},$$
$$1 = 1,45 \text{ dollars},$$
$$1 = 5,22\ ^1/_2,$$
$$x = \frac{100}{0,4536 \times 60} \times 1,45 \times 5,22\ ^1/_2 = 27^{fr}, 84 \text{ les } 100^{kg}.$$

On voit que, dans ce calcul, il y a deux facteurs mobiles, qui sont le cours du bushel et le change du dollar, et un facteur qui sera toujours le même, et dont par conséquent on peut une fois pour toutes calculer la valeur.

Or le facteur constant $\dfrac{100}{0,4536 \times 60}$ est sensiblement égal à $3\ ^2/_3$.

D'où l'on déduit cette règle pratique :

RÈGLE. — *Pour avoir en francs par* 100^{kg} *la parité du prix du bushel de* 60 *livres coté à New-York en dollars, on multiplie le cours du bushel par le change à vue du dollar et le produit par* $3\ ^2/_3$, *ou* $3 + ^1/_2 + ^1/_6$.

$$\text{Ainsi } 1,45 \times 5,22\ ^1/_2 = 7,58$$
$$\text{puis} = 7,58 \times 3 = \quad 22,74$$
$$\text{plus } ^1/_2 \text{ de } 7,58 = \quad 3,79$$
$$\text{» } ^1/_6 \text{ de } 7,58 = \quad 1,26$$
$$\overline{\text{Total}\ldots\ldots\ldots \quad 27,79}$$

Il y a, avec le résultat exact donné plus haut, une différence de 0,05, qui correspond à moins de $\frac{2}{1000}$ du prix des 100^{kg}, ce qui est insignifiant dans la pratique, lorsqu'on se propose seulement une comparaison rapide des cours ; on observe seulement que le résultat est trop faible d'environ 2 $^0/_{00}$.

Si, au contraire, on avait à faire une facture, il est clair qu'on devrait la calculer très exactement et non d'après la méthode d'approximation.

Les calculs tout faits se trouvent dans la Table des parités donnée ci-après.

Si les grains étaient cotés par quintal anglais (*cental* de 100 livres anglaises), ainsi qu'on le fait à Chicago, à San Francisco et sur un certain nombre d'autres marchés américains, la conjointe pour la comparaison des prix se poserait ainsi :

Soit 2,32 $^1/_2$ le cours du quintal américain et 5,22 $^1/_2$ le change du dollar à vue,

$$x^{fr} = 100^{kg}$$
$$0,4536 = 1 \text{ liv. angl.} \quad \text{(rapport de poids)}$$
$$100 = 2,32 \, ^1/_2 \text{ dollars (cours du blé)}$$
$$1 = 5,22 \, ^1/_2 \quad \text{(change à vue du dollar)}$$
$$x = \frac{1}{0,4536} \times 2,32 \, ^1/_2 \times 5,22 \, ^1/_2 = 26^{fr},78 \text{ les } 100^{kg}.$$

Or le facteur constant $\frac{1}{0,4536}$ équivaut sensiblement à 2,2.

D'où :

RÈGLE PRATIQUE. — *Pour avoir le prix en francs par* 100^{kgr} *du grain coté en dollars par quintal anglais, on multiplie le cours du quintal par le change à vue du dollar et le produit par 2,2 ou par 1,1 et l'on multiplie par 2.*

Ainsi : 2,32 $^1/_2$ × 5,22 $^1/_2$ = 12,15,

$$12,15 \times 2,2 = 26,73.$$

Il y a une différence de 0,05 qui correspond à un peu moins de $\frac{2}{1000}$ du prix des 100^{kg}. On saura donc que le résultat obtenu est trop faible de cette quantité.

DU FRET. — Les frets se cotent en shellings et pences à New-York par quarter jusqu'à Queenstown. On compte 33 bushels américains pour 32 imperial bushels, et le quarter pour 8 imperial bushels. D'où le fret à l'hectolitre :

$$x^{fr} = 1^{hlit}$$

$0^{lit},35238 = 1$ bushel américain $\rbrace$

$\quad\quad 33 \quad\quad = 32$ imperial bushels $\rbrace$ (rapports de volume)

$\quad\quad 8 \quad\quad = 1$ quarter $\rbrace$

(Cours du fret) $1 \quad\quad = 4$ sh. 9 p. (fret) ou 4,75 sh.

(Change) $\lbrace \begin{array}{l} 20 \quad\quad = 1 \text{ livre sterling.} \\ 1 \quad\quad = 25,25 \text{ (change fixe pour le fret)} \end{array}$

d'où

$$x = \frac{32}{0,35238 \times 33 \times 8 \times 20} \times 4,75 \times 25,25 = 2^{fr},06,$$

et pour 100^{kg} on aurait $2^{fr},57$, d'après le poids moyen de 75^{kg} à l'hectolitre.

Or le facteur constant égale $0,172$. Par conséquent, dans ces cas, il vaut mieux recourir directement aux Tables de parités de fret (p. 183).

Le fret maritime des places de l'Amérique du Nord s'estime, d'après le bushel de 60 livres anglaises, en pences, quelquefois aussi par quarter de 480 livres, en shellings et pences.

Le tarif normal est pour les blés ; les orges subissent une augmentation de 5 pour 100 ; les avoines, de $22^{1}/_{2}$ pour 100, en raison du plus grand volume que ces derniers grains occupent pour le même poids.

Des blés de Californie. — La Californie produit et exporte des quantités assez considérables de grains. Le *Times* publie de temps à autre des dépêches ainsi rédigées :

San Francisco. — 12 septembre 1881.

Wheat per cental (100 lb) sh. $1,65$-$1,67$ $^{1}/_{2}$; *freights per Iron vessel. U. K.* 82-6 ; *equalling cost to shippers c. i. f.* 55 *sh., per* 500 *lb.*

Cela veut dire qu'à San Francisco 100 livres anglaises de blé sont cotées de $1,65$ à $1,67$ $^{1}/_{2}$ dollars ;

Que le fret des grains compté par tonne américaine de

2000 livres anglaises coûte de San Francisco à Liverpool 82 shellings 6 pences.

On calcule au change fixe de 1 l. st. = 4,80 dollars; par conséquent 1 penny = 0,02 dollar (2 *cents*).

Si 100 livres anglaises valent 1,65 dollars ou au change fixe $82^1/_2$ pences, 500 livres feront

$$82^1/_2 \times 5 = 412^1/_2 \text{ pences} = 34 \text{ sh. } 4^1/_2 \text{ pences.}$$

Le fret étant de $82^1/_2$ sh. par 2000 livres anglaises donne 20 sh. $7^1/_2$ pences par 500 livres, par conséquent les 500 liv. angl. valent :

Prix du blé à San Francisco......	34 sh.	$4^1/_2$ pences
» fret jusqu'à Liverpool....	20 sh.	$7^1/_2$ pences
Total.......	55 sh.	»

C'est ce que signifie le terme du journal : *equalling cost to shippers, c. i. f.* 55, *etc.*

Pour avoir la parité en francs, on pourrait poser directement une conjointe analogue à celle que nous avons donnée plus haut, ou plus simplement, en cherchant dans la Table des parités pour l'Angleterre et les blés de Californie (p. 96), on trouvera que le prix du blé est d'environ $30^{fr},60$ les 100^{kg}.

Canada.

On se sert légalement des poids et mesures anglais; cependant, dans le bas Canada, on emploie communément l'ancien *minot* de Paris, qui équivant à $39^{lit},625$. Dans ce cas, 90 minots = 100 Winchester bushels.

Le principal marché est Montréal, qui cote actuellement les grains en poids d'après le poids moyen de l'ancien bushel, savoir :

	Livres anglaises.
Blés......................	60
Seigles....................	56
Orges.....................	84
Avoines...................	34

La cote est en dollars.

Du prix de revient du blé aux États-Unis. — D'après M. Léon Chotteau, le prix de revient de 100^{kg} de blé américain au départ de Chicago serait de 9^{fr},40, et, en y ajoutant le fret de Chicago au Havre, qui est d'environ 8^{fr},20 par 100^{kg}, le blé américain pourrait arriver au Havre au prix de 17,60. Il est vrai qu'à ce compte l'agriculteur américain vendrait exactement au prix coûtant, et qu'en outre il faudrait y ajouter les frais de débarquement et d'entrée au Havre.

Mais nous avons quelques raisons de croire, comme nous l'avons dit plus haut (p. 15), que ce prix de revient n'est pas exact et se trouve même notablement inférieur à la réalité.

Si les cultivateurs américains n'ont pas une comptabilité mieux entendue que la nôtre, ils peuvent se tromper de beaucoup dans leur estimation.

Ce fret de Chicago au Havre comprend à la fois le transport par chemin de fer, de Chicago à New-York, et de New-York par bateau.

Des Tables de parités. — La première de ces Tables (p. 78) concerne les grains de toute nature cotés par bushel; la seconde (p. 79) concerne les cotes des mêmes graines par 100 livres anglaises.

La première colonne de gauche contient les cours successifs des graines de 2 $^1/_2$ en 2 $^1/_2$ centièmes de dollars; les autres colonnes contiennent les prix en francs et centimes correspondant, d'une part aux cours des graines en dollars de la première colonne, d'autre part aux cours du change du dollar contenus dans la première ligne horizontale de chaque tableau ou partie du tableau.

Ces prix en francs sont les *parités* des cours des céréales en Amérique.

Pour les cours intermédiaires à ceux contenus dans les tables, on en obtient aisément les *parités*, qui sont proportionnelles aux prix en dollars et aux cours du change.

ÉTATS-UNIS.   FRANCE.

Grains de toute nature (corn) cotés aux États-Unis en dollars par bushel pesant 60 livres anglaises.

Parités en francs et centimes par 100 kilogrammes.

PRIX en dollars et cents.	LES DOLLARS COTÉS A VUE A PARIS.				PRIX en dollars et cents.	LES DOLLARS COTÉS A VUE A PARIS.			
	5,15	5,17 ½	5,20	5,22 ½		5,15	5,17 ½	5,20	5,22 ½
0,50	9,46	9,51	9,55	9,60	1 32 ½	25,08	25,19	25,32	25,44
— 52 ½	9,94	9,98	10,03	10,08	— 35	25,55	25,67	25,79	25,91
— 55	10,41	10,46	10,51	10,56	— 37 ½	26,02	26,14	26,27	26,40
— 57 ½	10,88	10,94	10,99	11,04	— 40	26,50	26,62	26,75	26,88
— 60	11,36	11,41	11,46	11,52	— 42 ½	26,97	27,10	27,23	27,36
— 62 ½	11,83	11,88	11,94	12,00	— 45	27,44	27,57	27,70	27,84
— 65	12,30	12,36	12,42	12,48	— 47 ½	27,92	28,05	28,18	28,32
— 67 ½	12,77	12,84	12,90	12,96	— 50	28,39	28,52	28,66	28,80
— 70	13,25	13,31	13,37	13,44	— 52 ½	28,86	29,00	29,14	29,28
— 72 ½	13,72	13,79	13,85	13,92	— 55	29,34	29,48	29,62	29,76
— 75	14,19	14,26	14,33	14,40	— 57 ½	29,81	29,95	30,09	30,24
— 77 ½	14,66	14,74	14,80	14,88	— 60	30,28	30,42	30,57	30,72
— 80	15,14	15,21	15,29	15,36	— 62 ½	30,76	30,90	31,05	31,20
— 82 ½	15,62	15,69	15,76	15,84	— 65	31,23	31,37	31,53	31,68
— 85	16,09	16,16	16,24	16,32	— 67 ½	31,70	31,85	32,00	32,16
— 87 ½	16,56	16,64	16,72	16,80	— 70	32,18	32,33	32,48	32,64
— 90	17,03	17,11	17,20	17,28	— 72 ½	32,65	32,80	32,96	33,12
— 92 ½	17,51	17,59	17,67	17,76	— 75	33,12	33,28	33,44	33,60
— 95	17,98	18,06	18,15	18,24	— 77 ½	33,59	33,75	33,91	34,08
— 97 ½	18,45	18,54	18,63	18,72	— 80	34,07	34,23	34,39	34,56
1 00	18,92	19,01	19,11	19,20	— 82 ½	34,54	34,70	34,87	35,04
— 02 ½	19,40	19,49	19,58	19,68	— 85	35,01	35,18	35,35	35,52
— 05	19,87	19,97	20,06	20,16	— 87 ½	35,49	35,65	35,82	36,00
— 07 ½	20,35	20,44	20,54	20,64	— 90	35,96	36,13	36,30	36,48
— 10	20,82	20,92	21,02	21,12	— 92 ½	36,43	36,60	36,78	36,96
— 12 ½	21,29	21,39	21,49	21,60	— 95	36,91	37,08	37,26	37,44
— 15	21,77	21,87	21,97	22,08	— 97 ½	37,38	37,55	37,74	37,92
— 17 ½	22,24	22,34	22,45	22,56	2 00	37,85	38,03	38,21	38,40
— 20	22,71	22,81	22,93	23,04	— 02 ½	38,33	38,51	38,69	38,88
— 22 ½	23,19	23,29	23,41	23,52	— 05	38,80	38,98	39,17	39,36
— 25	23,66	23,77	23,88	24,00	— 07 ½	39,27	39,46	39,65	39,84
— 27 ½	24,13	24,24	24,36	24,48	— 10	39,75	39,93	40,11	40,30
— 30	24,60	24,72	24,84	24,96	— 12 ½	40,22	40,41	40,60	40,80

ÉTATS-UNIS.   FRANCE.

Grains de toute nature (corn) cotés aux États-Unis en dollars par 100 livres anglaises (45ᵏᵍ, 36).

Parités en francs et centimes par 100 kilogrammes.

COURS en dollars et cents.	LES DOLLARS COTÉS A VUE A PARIS.				COURS en dollars et cents.	LES DOLLARS COTÉS A VUE A PARIS.			
	5,15	5,17½	5,20	5,22½		5,15	5,17½	5,20	5,22½
— 82 ½	9,37	9,41	9,46	9,50	1 72 ½	19,58	19,68	19,78	19,88
— 85	9,65	9,70	9,74	9,79	— 75	19,87	19,97	20,06	20,16
— 87 ½	9,93	9,98	10,03	10,08	— 77 ½	20,15	20,25	20,35	20,44
— 90	10,22	10,27	10,32	10,37	— 80	20,44	20,54	20,64	20,73
— 92 ½	10,50	10,55	10,60	10,65	— 82 ½	20,72	20,82	20,92	21,02
— 95	10,78	10,84	10,89	10,94	— 85	21,00	21,11	21,22	21,32
— 97 ½	11,07	11,12	11,18	11,23	— 87 ½	21,29	21,39	21,49	21,60
1 00	11,35	11,41	11,46	11,52	— 90	21,57	21,68	21,78	21,88
— 02 ½	11,64	11,69	11,75	11,80	— 92 ½	21,86	21,96	22,07	22,17
— 05	11,92	11,98	12,04	12,10	— 95	22,14	22,25	22,35	22,46
— 07 ½	12,20	12,26	12,32	12,38	— 97 ½	22,42	22,53	22,64	22,75
— 10	12,49	12,55	12,61	12,67	2 00	22,71	22,82	22,93	23,04
— 12 ½	12,77	12,83	12,90	12,96	— 02 ½	22,99	23,11	23,23	23,34
— 15	13,06	13,12	13,18	13,24	— 05	23,27	23,38	23,50	23,61
— 17 ½	13,33	13,40	13,47	13,53	— 07 ½	23,56	23,67	23,79	23,90
— 20	13,62	13,69	13,76	13,82	— 10	23,84	23,96	24,07	24,19
— 22 ½	13,91	13,98	14,04	14,11	— 12 ½	24,12	24,24	14,36	24,48
— 25	14,19	14,26	14,33	14,40	— 15	24,41	24,53	24,64	24,77
— 27 ½	14,47	14,55	14,62	14,69	— 17 ½	24,69	24,82	24,93	25,05
— 30	14,76	14,83	14,90	14,97	— 20	24,98	25,10	25,22	25,34
1 32 ½	15,04	15,12	15,19	15,26	— 22 ½	25,26	25,39	25,51	25,63
— 35	15,33	15,40	15,48	15,55	— 25	25,55	25,67	25,79	25,91
— 37 ½	15,61	15,69	15,76	15,94	— 27 ½	25,83	25,96	26,08	26,20
— 40	15,90	15,97	16,05	15,12	— 30	26,11	26,24	26,37	26,49
— 42 ½	16,18	16,26	16,33	16,41	— 32 ½	26,39	26,53	26,66	26,78
— 45	16,47	16,54	16,62	16,70	— 35	26,68	26,81	26,94	27,07
— 47 ½	16,76	16,83	16,91	16,99	— 37 ½	26,96	27,10	27,23	27,36
— 50	17,02	17,14	17,20	17,28	— 40	27,25	27,38	27,51	27,64
— 52 ½	17,32	17,40	17,48	17,56	— 42 ½	27,53	27,67	27,80	27,93
— 55	17,60	17,68	17,77	17,86	— 45	27,82	27,95	28,09	28,22
— 57 ½	17,88	17,97	18,06	18,14	— 47 ½	28,10	28,24	28,38	28,51
— 60	18,17	18,25	18,34	18,43	— 50	28,38	28,52	28,66	28,79
— 62 ½	18,45	18,54	18,63	18,72	— 52 ½	28,66	28,80	28,94	29,08
— 65	18,73	18,82	18,92	19,01	— 55	28,95	29,09	29,23	29,37
— 67 ½	19,02	19,11	19,20	19,29	— 57 ½	29,23	29,38	29,52	29,66
— 70	19,30	19,39	19,49	19,58	— 60	29,52	29,66	29,81	29,95

Russie.

MESURES ET POIDS. — Les mesures usitées dans le commerce des grains sont :

$$\text{Le tschetwert} \ldots \ldots \ldots \ldots \quad 2^{\text{hlit}},0991 \ (^1)$$
$$\text{La livre russe} \ldots \ldots \ldots \ldots \quad 0^{\text{kg}},40951$$

Les affaires se traitent sur la base du

Pud $= 40$ livres russes $= 16^{\text{kg}},38 \ (^2)$
   » $= 33$ livres allemandes (usage de place)
   » $= 36$ livres anglaises

On compte habituellement

61 puds $\ldots \ldots \ldots$ 1 tonne métrique
62 puds $\ldots \ldots \ldots$ 1 tonne anglaise de poids

Le berkowetz ou poids maritime $= 10$ puds $= 163^{\text{kg}},80.$

DÉTERMINATION DU RENDEMENT. — Le rendement se détermine, d'après le nombre de tschetwerts ($2^{\text{hlit}},0991$) à la déssatine ($1^{\text{ha}},0925$). Pour le convertir en hectolitres par hectare, on multiplie le nombre de tschetwerts par $1,921$.

(^{1}) Il n'y a pas toujours une concordance absolue entre les mesures et poids légaux, et ceux du commerce.

Le tschetwert correspond (suivant circulaire d'Hermann d'Odessa) :

à	$^{27}/_{32}$	ardeps d'Alexandrie.	à	$^{57}/_{64}$	salmes de Malte.
	$2\,^{4}/_{5}$	quarteras de Barcelone.		$1\,^{19}/_{64}$	charges de Marseille.
	$5\,^{1}/_{2}$	kiloz de Constantinople.		$2\,^{1}/_{2}$	stares de Trieste et de Venise.
	$1\,^{51}/_{64}$	mines de Gênes.		$2\,^{1}/_{8}$	sacs d'Amsterdam, dont 36
	$^{57}/_{94}$	quarters anglais.			font 1 last.
	$2\,^{7}/_{8}$	sacs de Livourne.		206	litres de France.

(^{2}) Le pud de 40 livres correspond (suivant la même circulaire d'Hermann d'Odessa) :

à	$12\,^{27}/_{32}$	okes de Constantinople.		$21\,^{1}/_{2}$	rotoli de Sicile.
	52	livres de Gênes.		$28\,^{4}/_{7}$	livres de Trieste.
	36	» d'Angleterre.		$29\,^{1}/_{2}$	» de Venise.
	$47\,^{1}/_{2}$	» de Livourne.		$33\,^{1}/_{8}$	» d'Amsterdam.
	$48\,^{3}/_{4}$	» de Marseille.		$163,597$	grammes de France.

Ainsi, si l'on dit que le rendement est $7\,^{1}/_{2}$, nous saurons ce qu'il est en hectolitres en posant $7,5 \times 1,921 = 15^{\text{hlit}},41$ par hectare.

DÉTERMINATION DE LA QUALITÉ. — On la constate d'après le poids du tschetwert en livres russes.

Si l'on veut connaître quel est le poids du blé correspondant à 100^{hlit}, ou à la charge de Marseille qui est de 160^{lit}, on multiplie le poids des tschetwerts en livres russes par $0^{\text{kg}},195$ pour avoir le poids de l'hectolitre et par $0^{\text{kg}},3124$ pour avoir le poids de la charge de Marseille (160^{lit}).

Par exemple, si nous savons que le poids du tschetwert de blé est de 390 livres russes, nous aurons :

Pour le poids de l'hectolitre........ $390 \times 0,195 = 76^{\text{kg}},05$
Pour le poids de la charge de Marseille. $390 \times 0,31^{1}/_{4} = 121^{\text{kg}},84$

Toutefois, dans certaines provinces, particulièrement celles de l'Est, le poids s'établit encore en livres troy anciennes, qui équivalent à $0^{\text{kg}},492$, et par zak hollandais de $83^{\text{lit}},44$.

Dans ce cas, pour avoir le poids de l'hectolitre, on multiplie le poids du zak en livres troy par $0,59$.

Quand on donne l'indication suivante :

Seigle. — 8-31 (puds) : cela veut dire que le tschetwert pèse 8 puds 31 livres russes.

Si l'on dit : *seigle,* 120 livres, cela signifie que l'on traite par zak hollandais et que le poids du zak est de 120 livres troy.

COURS ET USAGES. — Les principaux marchés sont Odessa, Riga, Nikolaïef, Pétersbourg, Taganrog, Kertsch.

Les affaires au comptant se traitent sur échantillon.

Les affaires à terme, d'après une qualité convenue à laquelle la marchandise livrée doit être conforme.

Le courtage est de $^{1}/_{2}$ pour 100, la commission de 2 pour 100.

CHANGES. — La monnaie russe est le rouble. Le 10 septembre 1881, le rouble à trois mois était coté à Paris $2^{\text{fr}},68$ et

4 pour 100. Par conséquent, pour avoir le rouble à vue, il faut, d'après l'usage de la place de Paris, ajouter trois mois d'intérêt à 4 pour 100, soit 1 pour 100,

$$2,68 + 0,0268 = 2^{fr},7068 \text{ pour } 1 \text{ rouble à vue.}$$

Les dépêches télégraphiques du même jour nous apprennent qu'à Odessa le blé est coté 155 copecks par pud ($16^{kg},38$); pour avoir la parité nous poserons

$$x^{fr} = 100^{kg},$$
$$16,38 = \quad 1 \text{ pud},$$
$$1 = 155 \text{ copecks},$$
$$100 = \quad 1 \text{ rouble},$$
$$1 = 2^{fr},70\,^2/_3 \text{ à vue},$$

d'où

$$x = 25^{fr},61 \text{ les } 100^{kg}.$$

Dans la pratique, on compte 61 puds pour une tonne métrique, de sorte que la conjointe se poserait ainsi

$$x^{fr} = 100^{kg},$$
$$1000^{kg} = \quad 61 \text{ puds},$$
$$1 = 155 \text{ copecks},$$
$$100 = 1 \text{ rouble à vue},$$
$$1 = 2,70\,^2/_3$$

d'où

$$x = \frac{2,70\,^2/_3 \times 155 \times 61}{1000} = 25^{fr},59.$$

On voit qu'il y a une différence de $0^{fr},02$ avec le calcul exact, soit près de $\frac{1}{1000}$ du prix. En effet, le poids du pud

$$16,38 \times 61 = 999^{kg},18,$$

c'est-à-dire plus petit de près de $1\,^0/_{00}$ que le poids droit.

Règle. — *Pour avoir le prix en francs par 100^{kg} des grains cotés en Russie en copecks par pud, on multiplie le cours du pud par le change du rouble à vue, le produit par 61 et l'on avance la virgule de trois rangs vers la gauche.*

Transports et frets. — Les places de la Russie méridionale

et de la mer d'Azof, Odessa, Nikolaïef, Sébastopol, Ber-
diensk, Kertsch cotent les frets de grains pour l'Angleterre
et les mers du Nord par tonne anglaise de 2240 livres anglaises en shellings et pences au change fixe de 25,25.

Et les frets de grains pour Marseille et les ports de l'Adria-
tique par *charges* de Marseille (160^lit) en francs.

Par exemple, quand nous lisons que le fret pour le Havre
est de 21 shellings 3 pences, nous saurons qu'il s'agit de la
tonne anglaise de 2240 livres anglaises et pour la conversion en tonne métrique et en francs nous poserons

$$x^{fr} = 1000^{kg},$$
$$0,4536 = \text{1 livre anglaise,}$$
$$\text{liv. ang. } 2240 = \text{1 tonne,}$$
$$1 = 21,25 \text{ shellings,}$$
$$20 = \text{1 livre sterling,}$$
$$1 = 25,25,$$

$x = 26^{fr},41$ pour la tonne métrique ou $2^{fr},64$ les 100^{kg}.

En appliquant la règle pratique des frets, on aurait ajouté
$^1/_4$ à 21,25 et l'on aurait eu 26,56 pour résultat approximatif (p. 180).

Les grains peuvent également s'expédier par chemin de
fer en wagons pleins de 10000^{kg}. Par suite des combinaisons
de tarifs entre les chemins de fer russes, autrichiens et
suisses, en vigueur depuis le mois de septembre 1879, les
grains peuvent arriver à la frontière française de Delle au
prix de $109^{fr},05$ les 1000^{kg}, et à la frontière de Verrières au
prix de $110^{fr},20$.

De sorte qu'à la date de ce jour (10 septembre 1881), les
grains d'Odessa coûtaient par 100^{kg}. . . . . $25^{fr},61$
plus le transport à Delle. . . . . $10^{fr},90$

Total. . . $36^{fr},51$

sans compter les frais de transport de la frontière à Paris,
de courtage, de commission, etc., etc.

Il n'y a donc pas lieu, en ce moment, d'en redouter l'accès
par cette voie.

Tables des parités. — C'est sur la base de 61 puds par tonne métrique qu'a été construite la Table des parités ci-après. En raison des fluctuations du cours du rouble (actuellement papier-monnaie), nous avons dû prendre des écarts de changes assez étendus. On calculera aisément les parités intermédiaires, qui sont sensiblement proportionnelles aux différences de cours et de changes.

En effet, supposons par exemple que, le cours du blé étant 155 copecks, celui du change soit 2,75 $^1/_3$, qui ne se trouve pas dans la table ; mais nous y trouvons 2,70, qui donne pour parité de 155, 25,35 et 2,75 qui donne 26,00. La moyenne des deux parités est 25,76 $^1/_2$, qui donne la parité de 155 à 2,72 $^1/_2$.

Si enfin on avait 156 $^1/_4$ à 2,70, on prendrait la moyenne entre les deux cours 15,35, correspondant à 155, et 25,94, correspondant à 157 $^1/_2$.

Si enfin on avait 166 $^1/_4$ et 272 $^1/_2$, on prendrait la moyenne entre la parité de 155 à 2,70, qui est 25,53, et celle de 157 $^1/_2$ à 2,75, qui est 26,42. Cette moyenne donnerait la parité cherchée, qui est 25,97 $^1/_2$, etc.

RUSSIE.   FRANCE.

Grains de toute nature (chlzeb)
cotés en Russie par pud (40 *livres russes* = 16^{kg},380) en copecks.

Parités en francs et centimes par 100^{kg}.

COURS en copecks.	LE ROUBLE A VUE COTÉ A PARIS AUX COURS CI-DESSOUS.											
	2,35	2,40	2,45	2,50	2,55	2,60	2,65	2,70	2,75	2,80	2,85	2,90
60	8,60	8,78	8,97	9,15	9,33	9,52	9,70	9,88	10,06	10,25	10,43	10,61
62 ½	8,96	9,15	9,34	9,53	9,72	9.91	10,10	10,29	10,48	10,67	10,87	11,06
65	9,32	9,52	9.71	9,91	10,11	10,31	10,51	10,71	10,91	11,11	11,31	11,51
67 ½	9,68	9,88	10,09	10,29	10,50	10,70	10,91	11,12	11,32	11,53	11,73	11,94
70	10,03	10,25	10,46	10,67	10,89	11,10	11,32	11,53	11,74	11,96	12,17	12,38
72 ½	10,39	10,61	10,84	11,06	11,28	11,50	11,72	11,94	11,16	11,38	11,60	11,83
75	10,75	10,98	11,21	11,44	11,67	11,89	12,12	12,35	12,58	12,81	13,04	13,27
77 ½	11,11	11,35	11,58	11,82	12,05	12,29	12,53	12,76	13,00	13,24	13,47	13,71
80	11,47	11,71	11,96	12,20	12,44	12,69	12,93	13,18	13,42	13,66	13,91	14,15
82 ½	11,82	12,08	12,33	12,58	12,83	13,08	13,34	13,59	13,84	14,09	14,34	14,59
85	12,18	12,44	12,70	12,96	13,22	13,48	13,74	14,00	14,26	14,52	14,78	15,04
87 ½	12,53	12,81	13,08	13,34	13,61	13,88	14,14	14,41	14,68	14,94	15,21	15,48
90	12.90	13,18	13,45	13,72	14,00	14,27	14,55	14,82	15,10	15,37	15,65	15,92
92 ½	13,26	13,54	13,82	14,11	14,39	14,67	14.95	15,23	15,51	15,80	16,08	16,36
95	13,62	13,91	14,20	14,49	15,78	15,07	15,36	15,65	15,94	16,23	16,52	15,81
97 ½	13,98	14,27	14,57	14,87	15,17	15,46	15,76	16,06	16,36	16,65	16,95	17,25
100	14,33	14,64	14,94	15,25	15,56	15,86	16,16	16,47	16,77	17,08	17,38	17,69
102 ½	14,69	15,01	15,32	15,63	15,94	16,26	16,57	16,88	17,19	17,51	17,82	18,13
105	15,05	15,37	15,69	16,01	16,33	16,65	16,97	17,29	17,61	17,93	18,25	18,57
107 ½	15,41	15,74	16,07	16,39	16,72	17,05	17,37	17,70	18,03	18,35	18,68	19,02
110	15,77	16,10	16,44	16,77	17,11	17,45	17,78	18,12	18,45	18,79	19,12	19,46
112 ½	16,13	16,47	16,81	17,16	17,50	17,84	18,18	18,53	18,87	19,21	19,56	19,90
115	16,48	16,84	17,19	17,54	17,89	18,24	18,59	18,94	19,29	19,64	19,99	20,34
117 ½	16,84	17,20	17,56	17,92	18,28	18,64	18,99	19,35	19,71	20,07	20,43	20,79
120	17,20	17,57	17,93	18,30	18,67	19,04	19,40	19,76	20,13	20,50	20,86	21,23
122 ½	17,56	17,93	18,31	18,68	19,05	19,43	19,80	20,18	20,55	20,92	21,30	21,67
125	17,92	18,30	18,68	19,06	19,44	19,82	20,21	20,59	20,97	21,35	21,73	22,11
127 ½	18,28	18,67	19,05	19,44	19,83	20,22	20,61	21,00	21,39	21,78	22,17	22,55
130	18,64	19,03	19,43	19,82	20,22	20,61	21,01	21,41	21,81	22,20	22,60	23,00
132 ½	18,99	19,40	19,80	20,21	20,61	21,01	21,41	21,82	22,23	22,63	23,03	23,44
135	19,35	19,76	20,18	20,59	21,00	21,41	21,82	22,23	22,65	23,06	23,47	23,88
137 ½	19,71	20,13	20,55	20,97	21,39	21,81	22,23	22,65	23,07	23,48	23,90	24,32
140	20,07	20,50	20,92	21,35	21,78	22,20	22,63	23,06	23,48	23,91	24,34	24,77
142 ½	20,43	20,86	21,30	21,73	22,17	22,60	23,04	23,47	23,90	24,34	24,77	25,21
145	20,78	21,23	21,67	22,11	22,55	23,00	23,44	23,88	24,32	24,77	25,21	25,65

Grains de toute nature
coté en Russie par pud (40 *livres russes* = 16ᵏᵍ,38 en copecks.

Parités en francs et centimes par 100ᵏᵍ.

COURS en copecks.	LE ROUBLE A VUE COTÉ A PARIS AUX COURS CI-DESSOUS.											
	2,35	2,40	2,45	2,50	2,55	2,60	2,65	2,70	2,75	2,80	2,85	2,90
147 1/2	21,14	21,59	22,04	22,49	22,94	23,39	23,84	24,29	24,74	25,19	25,64	26,09
150	21,50	21,96	22,42	22,87	23,33	23,79	24,25	24,70	25,16	25,62	26,08	26,53
152 1/2	21,86	22,33	22,79	23,26	23,72	24,19	24,65	25,12	25,58	26,05	26,51	26,98
155	22,22	22,69	23,16	23,64	24,11	24,58	25,06	25,53	26,00	26,47	26,95	27,42
157 1/2	22,58	23,06	23,54	24,02	24,50	24,98	25,46	25,94	26,42	26,90	27,37	27,86
160	22,93	23,42	23,91	24,40	24,89	25,38	25,86	26,35	26,84	27,33	27,82	28,30
162 1/2	23,29	23,79	24,29	24,78	25,28	25,77	26,27	26,76	27,26	27,76	28,25	27,85
165	23,65	24,16	24,66	25,16	25,67	26,17	26,67	27,18	27,68	28,18	28,68	29,19
167 1/2	24,01	24,52	25,03	25,54	26,05	26,57	27,08	27,59	28,10	28,61	29,12	29,63
170	24,37	24,89	25,41	25,92	26,44	26,96	27,48	28,00	28,52	29,04	29,55	30,07
172 1/2	24,73	25,25	25,78	26,31	26,83	27,36	27,88	28,41	28,94	29,46	29,99	30,52
175	25,09	25,62	26,15	26,69	27,22	27,75	28,29	28,82	29,36	29,89	30,42	30,96
177 1/2	25,44	25,99	26,53	27,07	27,61	28,15	28,69	29,23	29,77	30,32	30,86	31,40
180	25,80	26,35	26,90	27,45	28,00	28,55	29,10	29,65	30,19	30,74	31,29	31,84
182 1/2	26,16	26,72	27,27	27,83	28,39	28,94	29,50	30,05	30,60	31,17	31,73	32,28
185	26,52	27,08	27,64	28,12	28,78	29,34	29,91	30,47	31,03	31,60	32,16	32,73
187 1/2	26,88	27,45	28,02	28,59	29,17	29,74	30,31	30,88	31,45	32,02	32,60	33,17
190	27,24	27,82	28,40	28,97	29,55	30,13	30,71	31,29	31,87	32,45	33,03	33,61
192 1/2	27,59	28,18	28,77	29,36	29,94	30,53	31,12	31,70	32,29	32,88	33,47	34,05
195	27,95	28,55	29,14	29,74	30,33	30,93	31,52	32,12	32,71	33,31	33,90	34,50
197 1/2	28,31	28,91	29,52	30,12	30,72	31,32	31,93	32,53	33,13	33,73	34,34	34,94
200	28,67	29,28	29,89	30,50	31,11	31,72	32,33	32,94	33,55	34,16	34,77	35,38

Angleterre.

MESURES ET POIDS. — Les mesures de capacité pour les grains
sont :

L'*imperial quarter* = 8 bushels = 2ʰˡⁱᵗ,9078.
Le *bushel* = 36ˡⁱᵗ,35.
Les poids sont la livre anglaise (imperial pound, avoir-du-
poids) = 0ᵏᵍ,4536.

Le *quintal anglais* (hundred weight, cwt) = 4 quarters à 28 livres chacun, ce qui fait 112 livres.

La *tonne* = 20 quintaux (20 cwt) = 2240 livres.

DÉTERMINATION DU RENDEMENT. — Le rendement se constate par la quantité de quarters (2^{hlit},9078) ou de bushels (0^{hlit},3636) produits par acre (0^{ha},4047).

Pour évaluer le rendement en hectolitres à l'hectare, on multiplie

les quarters par 7,185,
les bushels par 0,898.

Par exemple, si l'on dit que, pour 1880, le rendement a été de 2 $^1/_2$ quarters, ou de 20 bushels, on aura le rendement à l'hectare en faisant

par quarter, 2,50 × 7,185 = 17^{hlit},96 à l'hectare,
par bushel, 20   × 0,898 = 17^{hlit},96   »

DÉTERMINATION DE LA QUALITÉ. — La *qualité* des grains s'estime d'après le poids du quarter imperial en livres anglaises. Il y a plusieurs types pour les diverses espèces de grains, selon provenance.

Les blés (*Wheat*) de Californie se traitent d'après le type de 504 livres et de 500 livres par quarter imperial.

Les blés d'Angleterre, d'après le type de 496 livres.

Les blés de la mer Noire et des Indes, d'après le type de 492 livres.

Les blés d'Amérique, du Chili et d'Australie, d'après le type de 480 livres.

Les seigles (*Rye*), d'après les types de 480, 472, 464 et 456 livres anglaises.

Les orges (*Barley*), 448, 432, 416 et 400 livres.

Les avoines (*Oats*), 336, 320 et 300 livres.

Les maïs, 496 et 480 livres.

Pour avoir la qualité en kilogrammes par hectolitre, on multiplie le nombre de livres au quarter par 0,156.

Ainsi le type pour les blés d'Amérique, du Chili et d'Australie étant de 480 livres, correspond au type français de

$$480 \times 0,156 = 74^{kg},88 \text{ par hectolitre.}$$

De même, les blés de la mer Noire étant en Angleterre au type de 492 livres, on aura pour la concordance avec la France

$$492 \times 0,156 = 76^{kg},75.$$

Usages de place. — Il faut remarquer que Londres continue à coter les grains au volume, tandis que la plupart des autres places européennes cotent les grains au poids.

Ainsi, à Londres, au marché des grains (*Corn lane*), c'est le quarter (volume) qui est coté. Cependant, depuis que les Américains ont adopté la cote des grains au poids ([1]), d'après le quintal (*cental* de 100 livres anglaises), les chargements de grains et de farine qui débarquent dans les ports anglais doivent, légalement, être comptés d'après le nombre de quintaux (anglais) qu'ils contiennent.

A Liverpool, qui est le principal port d'importation, le marché aux grains (*Corn trade*) cote les grains par quintal anglais. Par conséquent, pour avoir la parité des cours entre Londres et Liverpool, il faudra faire un calcul spécial pour l'une et l'autre place.

Supposons, par exemple, un blé de Californie coté à Londres 52 shellings par quarter de 504 livres, combien sera-t-il coté à Liverpool par 100 livres anglaises? On posera

$$x \text{ shellings} = 100 \text{ livres,}$$
$$504 \text{ livres} = 52 \text{ shellings.}$$

$$x = \frac{52 \times 100}{504} = 10,318 = 10 \text{ sh.} - 3,82 \text{ pences, par 100 livres,}$$

et réciproquement. Si l'on donne la cote de Liverpool, 10 shellings $3^{7}/_{10}$ pour 100 livres anglaises, on aura la parité à

([1]) Cette manière de coter n'est pas encore générale, mais elle est adoptée à San-Francisco et à Chicago, qui sont des marchés prédominants pour les grains.

Londres en posant

$$x \text{ shellings} = 5o4 \text{ livres,}$$
$$100 = 10 - 3\,{}^{8}/_{10},$$

$$x = 52 \text{ shellings par quarter.}$$

Les affaires de grains se font au comptant, ou sur navire flottant, ou à terme ; mais pour ces deux derniers marchés on traite sur échantillon cacheté, et non, comme ailleurs, d'après un type convenu. La livraison attendue doit être aussi conforme que possible à l'échantillon.

Les principaux marchés des grains en Angleterre sont : Londres, Liverpool, Hull et Southampton ; en Écosse : Leith et Glascow.

Les blés Ghirka se vendent aux 492 livres par quarter ; les blés d'Odessa, d'Amérique (printemps) et de Chili se vendent à 480 livres par quarter ; ceux de Californie à 5oo et 5o4 livres.

Les *blés arrivés au port d'escale* se traitent au comptant, coût, fret, assurance compris, contre documents, et sont payables à Londres dans la huitaine de la date de l'achat.

Le poids stipulé par quarter doit être délivré ; l'avarie de mer est au compte du vendeur ; escompte de 2 $^{1}/_{2}$ pour 100, plus bonification de deux mois d'intérêt à 5 pour 100 l'an.

Les *blés sous voiles*, c'est-à-dire non arrivés au port d'escale, venant de la mer Noire, se traitent aux mêmes conditions, mais avec bonification de trois mois d'intérêt de la date du connaissement.

Les orges de la mer Noire et du Danube se vendent aux 4oo livres par quarter ; les seigles aux 48o livres.

Les blés et maïs américains sous voiles se traitent aux 48o livres par quarter, poids garanti au débarquement, coût, fret et assurance compris. Le déchet ne doit pas dépasser 1 pour 1oo du poids porté au connaissement ; payement comptant avec bonification de soixante jours d'intérêt, ou acceptation à soixante jours de date de l'achat, ou soixante-douze jours du connaissement; le courtage de $^1/_2$ pour 100 payé par le vendeur.

Les blés californiens se traitent par 500 livres au quarter, tels quels, toiles perdues payées comme blé ; déduction de deux mois d'intérêt à 5 pour 100 quand le chargement est arrivé, ou soixante jours de vue s'il est flottant.

Mêmes conditions pour les blés du Chili. Acceptation à quatre-vingt-dix jours de vue.

Changes et parités de prix. — Paris cote Londres à vue, par conséquent il n'y a aucun changement à faire à la cote.

Londres cote Paris également à vue, et à quatre-vingt-dix jours. Il n'y a aucun changement à faire à la cote à vue, qui donne d'ailleurs sensiblement le même cours qu'à Paris. Quant à la cote à quatre-vingt-dix jours, il faut en retrancher l'intérêt de trois mois au taux d'escompte de Paris pour la ramener à vue.

Actuellement, 10 septembre 1881, la livre sterling à vue est cotée 25,28.

Supposons qu'on veuille avoir la parité des grains d'Amérique et du Chili, qui sont cotés à *Londres* par 480 livres anglaises à 58 shellings, et au change de 25,28, on posera la conjointe

$$
\begin{aligned}
\text{Pour } \textit{Londres}. \ldots \quad & x^{fr} = 100^{kg}, \\
» \quad & 0,4536 = 1 \text{ livre anglaise}, \\
» \quad & 480 = 55 \text{ shellings}, \\
» \quad & 20 = 1 \text{ livre}, \\
» \quad & 1 = 25,28,
\end{aligned}
$$

d'où

$$
x = \frac{100 \times 58 \times 25,28}{0,4536 \times 480 \times 20} = 31,93.
$$

Et si à *Liverpool* les mêmes grains sont cotés 10 shellings, on posera

$$
\begin{aligned}
\text{Pour } \textit{Liverpool}. \ldots \quad & x^{fr} = 100^{kg}, \\
» \quad & 0,4536 = 1 \text{ livre anglaise}, \\
» \quad & 100 = 10 \text{ shellings}, \\
» \quad & 20 = 1 \text{ livre}, \\
» \quad & 1 = 25,28,
\end{aligned}
$$

d'où

$$x = 3o^{fr},65 \text{ les } 1oo^{kg}.$$

Règles pratiques. — On voit que dans ces conjointes il y a deux termes mobiles qui sont le cours du blé et les changes, et que tous les autres termes sont fixes; par conséquent on peut, une fois pour toutes, déterminer le produit des termes fixes, et l'on aura un coefficient constant, à l'aide duquel on pourra trouver les parités des cours. Il en résulte les règles suivantes, dont quelques-unes sont très simples.

Avec Liverpool : On multiplie le cours par le change à vue, on avance la virgule d'un rang vers la gauche, et l'on ajoute le dixième du produit : ce qui donne très sensiblement la valeur en francs par $1oo^{kg}$.

Exemple : Le cours du blé à Liverpool est à 11 sh. 9p. = 11,75.

Le change à vue est 25,28; faisant le produit 25,28 $\times$ 11,75, et reculant la virgule d'un rang vers la gauche, on a. 29,704

Ajoutant $\frac{1}{10}$. 2,970

On a la parité, c'est-à-dire le prix en francs

de $1oo^{kg}$. 32,674

La différence avec le résultat exact est de $o^{fr},o6$, soit $\frac{2}{1ooo}$ du prix, différence insignifiante dans la pratique des affaires de ce genre.

Avec *Londres*, il faut naturellement distinguer les cours selon le poids des grains au quarter, d'où résultent des règles pour chaque cas.

Ainsi, pour avoir la parité avec Londres, *après avoir multiplié les cours du blé par le change à vue de la livre sterling et reculé la virgule de quatre rangs vers la gauche du produit*, on multipliera ce produit

par 23o si le *quarter pèse* 48o livres anglaises,
  » 224   » 492   »
  » 222   » 496   »
  » 22o   » 5oo   »
  » 218   » 5o4   »

ce qui donnera la valeur en francs par 100^{kg}, avec une approximation très suffisante dans la pratique, c'est-à-dire à $\frac{1}{1000}$ ou $\frac{2}{1000}$ près du prix réel.

On voit du reste que les quatre derniers coefficients se suivent d'une façon assez régulière pour qu'il soit facile de les retenir.

Les *orges* se traitent à Londres sur le pied de 400 livres anglaises par quarter, en shellings et pences.

Pour avoir en francs le prix par 100^{kg}, *on multiplie le prix en shellings et fractions décimales de shellings par le change à vue, on avance la virgule de deux rangs vers la gauche, et le produit se multiplie par* 2 $^3/_4$.

Exemple : L'orge est cotée en Angleterre 35 sh.-4 pences ou 35 $^1/_3$ sh.; le change à vue est 25,29; on a

$$25,29 \times 35, ^1/_3 = 8,93,58;$$

reculant la virgule de deux rangs vers la gauche, on a 8,94.

$$8,94 \times 2 ^3/_4 = \quad 8,94 \times 2 = 17,68^{fr}$$
$$+ ^1/_2 \text{ de } 8,94 = \quad 4,47$$
$$+ ^1/_2 \text{ de } 4,47 = \quad 2,23$$
$$\text{Total} \ldots \ldots \overline{\quad 24,58} \text{ les } 100^{kg}.$$

Si l'orge était cotée à 420, il faudrait multiplier le produit du cours et du change par 2$^5/_8$, ou $2 + ^1/_2 + ^1/_8$.

Les *avoines* se cotent par quarter de 320, 304 et 300 livres.

Pour avoir le prix en francs et par 100^{kg} *des avoines cotées à Londres, on fait le produit du cours en shellings par le change à vue, on sépare deux chiffres décimaux sur la gauche, et on multiplie ce nombre*

par 3 $^2/_3$ pour les avoines cotées 300 livres en quarter
» 3 $^5/_8$ »   »   304   »   »
» 3 $^7/_{16}$ »   »   320   »   »

Tables de parités. — Les Tables qui suivent donnent immédiatement les prix en francs par 100^{kg} à la parité des cours

ANGLETERRE (Londres).   FRANCE.

Blés (wheat), seigles (rye) d'Amérique, du Chili et d'Australie, et maïs d'Amérique cotés à Londres en shellings par 480 livres anglaises.

Parités en francs et centimes par 100 kilogrammes.

COURS en shellings.	LA LIVRE STERLING COTÉE A VUE A PARIS.				
	25,15	25,20	25,25	25,30	25,35
36	20,79	20,83	20,87	20,92	20,96
36 ¹/₂	21,08	21,12	21,16	11,21	21,25
37	21,37	21,41	22,46	21,50	21,54
37 ¹/₂	21,66	21,70	21,75	21,79	21,83
38	21,95	21,99	22,03	22,08	22,12
38 ¹/₂	22,24	22,28	22,32	22,37	22,41
39	22,52	22,57	22,61	22,66	22,70
39 ¹/₂	22,81	22,86	22,90	22,95	22,99
40	23,10	23,15	23,19	23,24	23,29
40 ¹/₂	23,39	23,44	23,48	23,53	23,58
41	23,68	23,72	23,77	23,82	23,87
41 ¹/₂	23,97	24,02	24,06	24,11	24,16
42	24,26	24,31	24,35	24,40	24,45
42 ¹/₂	24,55	24,60	24,64	24,69	24,74
43	24,83	24,88	24,93	24,98	25,03
43 ¹/₂	25,12	25,17	25,22	25,27	25,32
44	25,41	25,46	25,51	25,56	25,61
44 ¹/₂	25,70	25,75	25,80	25,85	25,90
45	25,99	26,04	26,09	26,14	26,20
45 ¹/₂	26,28	26,33	26,38	26,43	26,49
46	26,57	26,62	26,67	26,73	26,78
46 ¹/₂	26,86	26,91	27,96	27,02	27,07
47	27,14	27,20	27,25	27,31	27,36
47 ¹/₂	27,43	27,49	27,54	27,60	27,65
48	27,72	27,78	27,83	27,89	27,94
48 ¹/₂	28,01	28,07	28,12	28,18	28,23
49	28,30	28,36	28,41	28,47	28,53
49 ¹/₂	28,59	28,65	28,70	28,76	28,82
50	28,88	28,93	28,99	29,05	29,11
50 ¹/₂	29,17	29,22	29,28	29,34	29,40
51	29,45	29,51	29,57	29,63	29,69
51 ¹/₂	29,74	29,80	29,86	29,92	29,98
52	30,03	30,09	30,15	30,21	30,27
52 ¹/₂	30,32	30,38	30,44	30,50	30,56
53	30,61	30,67	30,73	30,79	30,85
53 ¹/₂	30.90	30,96	31,02	31,08	31,14

COURS en shellings.	LA LIVRE STERLING COTÉE A VUE A PARIS.				
	25,15	25,20	25,25	25,30	25.35
54	31,19	31,25	31,31	31,37	31,44
54 ¹/₂	31,48	31,54	31,60	31,66	31,73
55	31,76	31,83	31,89	31,95	32,02
55 ¹/₂	32,05	32,12	32,18	32,24	32,31
56	32,34	32,41	32,47	32,54	32,60
56 ¹/₂	32,63	32,70	32,76	32,83	32,89
57	32,92	32,99	33,05	33,12	33,18
57 ¹/₂	33,21	33,28	33,34	33,41	33,47
58	33,50	33,56	33,63	33,70	33,76
58 ¹/₂	33,79	33,85	33,92	33,99	34,05
59	34,07	34,14	34,21	34,28	34,35
59 ¹/₂	34,36	34,43	34,50	34,57	34,64
60	34,65	34,72	34,79	34,86	34,93
60 ¹/₂	34,94	35,01	35,08	35,15	35,22
61	35,23	35,30	35,37	35,44	35,51
61 ¹/₂	35,52	35,59	35,66	35,73	35,80
62	35,81	35,88	35,95	36,02	36,09
62 ¹/₂	36,10	36,17	36,24	36,31	36,38
63	36,39	36,46	36,53	36,60	36,67
63 ¹/₂	36,68	36,75	36,82	36,89	36,96
64	36,96	37,04	37,11	37,18	37,26
64 ¹/₂	37,25	37,33	37,40	37,47	37,55
65	37,54	37,62	37,69	37,76	37,84
65 ¹/₂	37,83	37,91	37,98	38,05	38,13
66	38,12	38,19	38,27	38,35	38,42
66 ¹/₂	38,41	38,48	38,56	38,64	38,71
67	38,70	38,77	38,85	38,93	39,00
67 ¹/₂	38,99	39,06	39,14	39,22	39,29
68	39,27	39,35	39,43	39,51	39,59
68 ¹/₂	39,56	39,64	39,72	39,80	39,88
69	39,85	39,93	40,01	40,09	40,17
69 ¹/₂	40,14	40,22	40,30	40,38	40,46
70	40,43	40,51	40,59	40,67	40,75
70 ¹/₂	40,72	40,80	40,88	40,96	41,04
71	41,01	41,09	41,17	41,25	41,33
71 ¹/₂	41,30	41,38	41,46	41,54	41,62

ANGLETERRE (Londres).   FRANCE.

*Blés et maïs de la mer Noire et des Indes cotés à Londres par 492 livres anglaises
en shellings.*

Parités en francs et centimes par 100 kilogrammes.

COURS en shellings.	LA LIVRE STERLING COTÉE A VUE A PARIS.				
	25,15	25,20	25,25	25,30	25,35
37	20,85	20,89	20,93	20,97	21,01
37 ½	21,13	21,17	21,21	21,25	21,29
38	21,41	21,45	21,50	21,54	21,58
38 ½	21,69	21,73	21,78	21,82	21,86
39	21,97	22,02	22,06	22,10	22,15
39 ½	22,26	22,30	22,34	22,38	22,43
40	22,54	22,58	22,63	22,67	22,72
40 ½	22,82	22,86	22,91	22,95	23,00
41	23,10	23,15	23,19	23,24	23,28
41 ½	23,38	23,43	23,47	23,52	23,56
42	23,67	23,71	23,76	23,81	23,85
42 ½	23,95	23,99	24,04	24,09	24,13
43	24,23	24,28	24,32	24,37	24,42
43 ½	24,51	24,56	24,60	24,65	24,70
44	24,79	24,84	24,89	24,94	24,99
44 ½	25,07	25,12	25,17	25,22	25,27
45	25,36	25,41	25,46	25,51	25,56
45 ½	25,64	25,69	25,74	25,79	25,84
46	25,92	25,97	26,02	26,07	26,12
46 ½	26,20	26,25	26,30	26,35	26,40
47	26,48	26,54	26,59	26,64	26,70
47 ½	26,76	26,82	26,87	26,92	26,98
48	27,05	27,10	27,15	27,21	27,26
48 ½	27,33	27,38	27,43	27,49	27,54
49	27,61	27,67	27,72	27,77	27,83
49 ½	27,89	27,95	28,00	28,05	28,11
50	28,17	28,23	28,28	28,34	28,40
50 ½	28,45	28,51	28,56	28,62	28,68
51	28,74	28,79	28,85	28,91	28,96
51 ½	29,02	29,07	29,13	29,19	29,24
52	29,30	29,36	29,42	29,47	29,53
52 ½	29,58	29,64	29,70	29,75	29,81
53	29,87	29,92	29,98	30,04	30,10
53 ½	30,15	30,20	30,26	30,32	30,38

COURS en shellings.	LA LIVRE STERLING COTÉE A VUE A PARIS.				
	25,15	25,20	25,25	25,30	25,3
54	30,43	30,49	30,55	30,61	30,67
54 ½	30,71	30,77	30,83	30,89	30,95
55	30,99	31,05	31,11	31,17	31,24
55 ½	31,27	31,33	31,39	31,45	31,52
56	31,56	31,62	31,68	31,74	31,80
56 ½	31,84	31,90	31,96	32,02	32,08
57	32,12	32,18	32,24	32,31	32,37
57 ½	32,40	32,46	32,52	32,59	32,65
58	32,68	32,75	32,81	32,87	32,93
58 ½	32,96	33,03	33,09	33,15	33,21
59	33,25	33,31	33,38	33,44	33,51
59 ½	33,53	33,59	33,66	33,72	33,79
60	33,81	33,88	33,94	34,01	34,08
60 ½	34,09	34,16	34,22	34,29	34,36
61	34,37	34,44	34,51	34,57	34,64
61 ½	34,65	34,72	34,79	34,85	34,93
62	34,94	35,01	35,07	35,14	35,21
62 ½	35,22	35,29	35,35	35,42	35,49
63	35,50	35,57	35,64	35,71	35,78
63 ½	35,78	35,85	35,92	35,99	36,06
64	36,06	36,13	36,20	36,28	36,35
64 ½	36,34	36,41	36,48	36,56	36,63
65	36,63	36,70	36,77	36,84	36,92
65 ½	36,91	36,98	37,05	37,12	37,20
66	37,19	37,26	37,34	37,41	37,48
66 ½	37,47	37,54	37,62	37,69	37,76
67	37,75	37,83	37,90	37,98	38,05
67 ½	38,03	38,11	38,18	38,26	38,33
68	38,32	38,39	38,47	38,53	38,62
68 ½	38,60	38,67	38,75	38,82	38,90
69	38,88	38,96	39,03	39,11	39,19
69 ½	39,16	39,24	39,31	39,39	39,47
70	39,44	39,52	39,60	39,68	39,76
70 ½	39,71	39,80	39,88	39,96	40,04

ANGLETERRE (Londres). FRANCE.

Blés cotés à Londres en shellings et pences par 496 livres anglaises.

Parités en francs et centimes par 100 kilogrammes.

COURS en shellings.	LA LIVRE STERLING COTÉE A VUE A PARIS.					COURS en shellings.	LA LIVRE STERLING COTÉE A VUE A PARIS.				
	25,15	25,20	25,25	25,30	25,35		25,15	25,20	25,25	25,30	25,35
37	20,68	20,72	20,76	20,80	20,84	54	30,18	30,24	30,30	30,36	30,43
37 ½	20,96	21,00	21,04	21,08	21,13	53 ½	30,46	30,52	30,58	30,64	30,70
38	21,24	21,28	21,32	21,37	21,41	55	30,74	30,80	30,86	30,91	30,98
38 ½	21,52	21,56	21,60	21,64	21,69	55 ½	31,02	31,08	31,14	31,19	31,26
39	21,80	21,84	21,88	21,93	21,97	56	31,30	31,36	31,42	31,49	31,55
39 ½	22,08	22,12	22,16	22,21	22,25	56 ½	31,58	31,64	31,70	31,77	31,84
40	22,36	22,40	22,45	22,49	22,53	57	31,86	31,92	31,99	32,05	32,11
40 ½	22,64	22,68	22,73	22,77	22,81	57 ½	32,14	32,20	32,27	32,33	32,40
41	22,92	22,96	23,01	23,05	23,09	58	32,42	32,48	32,55	32,61	32,68
41 ½	23,20	23,24	23,29	23,33	23,38	58 ½	32,70	32,76	32,83	32,89	32,96
42	23,47	23,52	23,57	23,61	23,66	59	32,98	33,04	33,11	33,17	33,23
42 ½	23,75	23,80	23,85	23,89	23,94	59 ½	33,26	33,32	33,39	33,46	33,52
43	24,03	24,08	24,13	24,18	24,22	60	33,54	33,60	33,67	33,74	33,80
43 ½	24,31	24,36	24,41	24,46	24,51	60 ½	33,82	33,88	33,95	34,02	34,08
44	24,59	24,64	24,69	24,74	24,79	61	34,10	34,16	34,23	34,30	34,37
44 ½	24,87	24,92	24,97	25,02	25,07	61 ½	34,38	34,44	34,51	34,58	34,65
45	25,15	25,20	25,25	25,30	25,35	62	34,65	34,72	34,79	34,86	34,93
45 ½	25,43	25,48	25,53	25,58	25,63	62 ½	34,93	35,00	35,07	35,14	35,21
46	25,71	25,76	25,81	25,86	25,91	63	35,21	35,28	35,35	35,42	35,49
46 ½	25,99	26,04	26,09	26,14	26,19	63 ½	35,49	35,56	35,63	35,70	35,78
47	26,27	26,32	26,37	26,43	26,48	64	35,77	35,84	35,91	35,98	36,06
47 ½	26,55	26,60	26,65	26,71	26,76	64 ½	36,05	36,12	36,18	36,26	36,34
48	26,83	26,88	26,93	26,99	27,04	65	36,33	36,40	36,47	36,54	36,62
48 ½	27,11	27,16	27,22	27,27	27,31	65 ½	36,61	36,68	36,75	36,82	36,90
49	27,39	27,44	27,50	27,55	27,61	66	36,89	36,96	37,04	37,11	37,18
49 ½	27,67	27,72	27,78	27,83	27,89	66 ½	37,17	37,24	37,42	37,49	37,56
50	27,95	28,00	28,06	28,11	28,17	67	37,45	37,52	37,60	37,67	37,75
50 ½	28,23	28,28	28,34	28,39	28,45	67 ½	37,73	37,80	37,88	37,95	38,03
51	28,51	28,56	28,62	28,68	28,73	68	38,01	38,08	38,16	38,23	38,31
51 ½	28,79	28,84	28,90	28,96	29,02	68 ½	38,29	38,36	38,44	38,52	38,59
52	29,06	29,12	29,18	29,24	29,29	69	38,57	38,64	38,72	38,80	38,87
52 ½	20,34	29,40	29,46	29,52	29,58	69 ½	38,85	38,92	39,00	39,08	39,15
53	29,62	29,68	29,74	29,80	29,86	70	39,13	39,20	39,28	39,36	39,44
53 ½	29,90	29,96	30,02	30,08	30,14	70 ½	39,41	39,48	39,56	39,64	39,72

ANGLETERRE (Londres).   FRANCE.

Blés de Californie cotés à Londres en shellings
Parités en francs et centimes par 100 kilogrammes.

Par 500 livres anglaises.   **Par 504 livres anglaises.**

COURS en shellings.	LA LIVRE STERLING COTÉE A VUE A PARIS.				
	25,15	25,20	25,25	25,30	25,35
36	19,96	20,00	20,04	20,08	20,12
37	20,51	20,56	20,60	20,64	20,68
38	21,07	21,11	21,15	21,19	21,23
39	21,62	21,67	21,71	21,75	21,79
40	22,18	22,22	22,26	22,31	22,35
41	22,73	22,78	22,82	22,86	22,91
42	23,28	23,34	23,38	23,42	23,47
43	23,84	32,89	23,93	23,98	24,03
44	24,39	24,44	24,49	24,53	24,57
45	24,95	25,00	25,05	25,10	25,15
46	25,50	25,55	25,60	15,65	25,70
47	26,06	26,11	26,16	26,21	26,26
48	26,61	26,67	26,72	26,77	26,82
49	27,17	27,22	27,27	27,33	27,38
50	27,72	27,78	27,83	27,88	27,94
51	28,27	28,34	28,39	28,44	28,50
52	28,83	28,89	28,94	29,00	29,06
53	29,38	29,45	29,50	29,56	29,62
54	29,94	30,00	30,06	30,12	30,18
55	30,49	30,56	30,61	30,67	30,73
56	31,05	31,11	31,17	31,23	31,29
57	31,60	31 67	31,73	31,79	31,85
58	32,16	32,22	32,28	32,35	32,41
59	32,71	32,78	32,84	32,90	32,97
60	33,26	33,34	33,40	33,46	33,53
61	33,82	33,89	33,95	34,02	34,09
62	34,37	34,45	34,51	34,58	34,65
63	34,93	35,00	53,07	35,14	35,21
64	35,48	35,56	35,62	35,69	35,76
65	36,04	36,11	36,18	36,25	36,32
66	36,59	36,67	36,75	36,82	36,88
67	37,14	37,23	37,29	37,37	37,44
68	37,70	37,78	37,85	37,92	38,00
69	38,25	38,34	38,41	38,48	38,56
70	38,81	38,89	38,96	39,04	39,12
71	39,36	39,45	39,52	39,60	39,67
72	39,91	40,00	40,08	40,16	40,23

COURS en shellings.	LA LIVRE STERLING COTÉE A VUE A PARIS.				
	25,15	25,25	25,20	25,30	25,35
36	19,80	19,84	19,88	19,92	19,96
37	20,35	20,39	20,43	20,47	20,51
38	20,90	20,94	20,98	21,02	21,06
39	21,45	21,49	21,53	21,57	21,62
40	22,00	22,04	22,08	22,13	22,17
41	22,55	22,59	22,64	22,68	22,73
42	23,10	23,14	23,19	23,23	23,28
43	23,65	23,69	23,74	23,79	23,84
44	24,20	24,24	24,29	24,34	24,39
45	24,75	24,79	24,84	24,89	24,94
46	25,30	25,35	25,40	25,45	25,50
47	25,85	25,90	25,95	26,00	26,05
48	26,40	26,45	26,50	26,55	26,61
49	26,95	27,00	27,05	27,11	27,16
50	27,50	27,55	27,60	27,66	27,71
51	28,05	28,10	28,16	28,21	28,27
52	28,60	28,65	28,71	28,77	28,82
53	29,15	29,20	29,26	29,32	29,38
54	29,70	29,75	29,81	29,87	29,93
55	30,25	30,31	30,37	30,43	30,49
56	30,80	30,86	30,92	30,98	31,04
57	31,35	31,41	31,47	31,53	31,60
58	31,90	31,96	32,02	32,09	32,15
59	32,45	32,51	32,57	32,64	32,70
60	33,00	33,06	33,13	33,19	33,26
61	33,55	33,61	33,68	33,75	33,81
62	34,10	34,16	34,23	34,30	34,37
63	34,65	34,71	34,78	34,85	34,92
64	35,20	35,26	35,33	35,40	35,47
65	35,75	35,82	35,89	35,96	36,03
66	36,30	36,37	36,44	36,51	36,58
67	36,85	36,92	36,99	37,06	37,14
68	37,40	37,47	37,54	37,62	37,69
69	37,95	38,02	38,09	38,17	38,25
70	38,50	38,57	38,65	38,72	38,80
71	39,05	39,12	39,20	39,28	39,36
72	39,60	39,67	39,75	39,83	39,91

ANGLETERRE (LIVERPOOL).   FRANCE.

Grains de toute nature (corn) cotés à Liverpool par 100 livres anglaises ($0^{kg},4536$) en shelling et pences.

Parités en francs et centimes par 100 kilogrammes.

COURS en shellings et pences.	LA LIVRE STERLING COTÉE A VUE A PARIS.											
	25,10	25,12½	25,15	25,17½	25,20	25,22½	25,25	25,27½	25,30	25,32½	25,35	25,37½
5 - 6	15,22	15,23	15,25	15,26	15,28	15,30	15,31	15,32	15,34	15,36	15,37	15,38
9	15,91	15,92	15,94	15,96	15,98	15,99	16,00	16,02	16,04	16,06	16,07	16,08
6 - —	16,60	16,62	16,63	16,65	16,67	16,69	16,70	16,72	16,73	16,75	16,76	16,78
3	17,29	17,31	17,33	17,35	17,37	17,39	17,40	17,41	17,43	17,45	17,46	17,48
6	17,99	18,00	18,02	18,04	18,06	18,08	18,09	18,11	18,13	18,15	18,16	18,18
9	18,68	18,69	18,71	18,73	18,75	18,77	18,79	18,81	18,83	18,85	18,86	18,88
7 - —	19,37	19,38	19,41	19,42	19,45	19,47	19,48	19,50	19,52	19,54	19,56	19,58
3	20,06	20,08	20,10	20,12	20,14	20,16	20,18	20,20	20,22	20,24	20,26	20,28
6	20,75	20,77	20,79	20,81	20,83	20,85	20,87	20,89	20,92	20,94	20,96	20,98
9	21,44	21,46	21,48	21,51	21,53	21,55	21,57	21,59	21,61	21,63	21,66	21,68
8 - —	22,14	22,16	22,18	22,20	22,22	22,25	22,27	22,29	22,31	22,34	22,36	22,38
3	22,83	22,85	22,87	22,89	22,92	22,94	22,96	22,98	23,01	23,03	23,05	23,08
6	23,52	23,54	23,57	23,59	23,61	23,64	23,66	23,68	23,71	23,73	23,75	23,77
9	24,21	24,23	24,26	24,28	24,31	24,33	24,35	24,38	24,40	24,43	24,45	24,47
9 - —	24,90	24,93	24,95	24,97	25,00	25,03	25,05	25,07	25,10	25,13	25,15	25,17
3	25,59	25,62	25,65	25,67	25,70	25,73	25,75	25,77	25,80	25,83	25,85	25,87
6	26,29	26,31	26,33	26,36	26,40	26,42	26,44	26,47	26,50	26,52	26,54	26,57
9	26,98	27,00	27,03	27,06	27,09	27,12	27,14	27,16	27,19	27,22	27,24	27,27
10 - —	27,67	27,69	27,72	27,75	27,78	27,81	27,83	27,86	27,89	27,92	27,94	27,97
3	28,36	28,38	28,41	28,44	28,47	28,51	28,53	28,56	28,59	28,62	28,64	28,67
6	29,05	29,08	29,11	29,14	29,17	29,20	29,22	29,25	29,28	29,32	29,34	29,37
9	29,75	29.77	29,80	29,83	29,86	29,89	29,92	29,95	29,98	30,01	30,04	30,07
11 - —	30,44	30,46	30,49	30,52	30,56	30,59	30,61	30,65	30,68	30,71	30,73	30,77
3	31,13	31,15	31,18	31,22	31,25	31,29	31,32	31,34	31,38	31,41	31,44	31,47
6	31,82	31,84	31,88	31,91	31,95	31,98	32,01	32,04	32,07	32,11	32,14	32,17
9	32,51	32,54	32,57	32,61	32,64	32,68	32,71	32,74	32,77	32.80	32,83	32,86
12 - —	33,20	33,23	33,27	33,30	33,34	33,37	33,40	33,43	33,47	33,50	33,53	33,56
3	33,90	33,93	33,96	33,99	34,03	34,07	34,10	34,13	34,17	34,20	34,23	34,26
6	34,59	34,62	34,65	34,69	34,73	34,76	34,79	34,82	34,86	34,90	34,93	34,96
9	35,28	35,31	35,34	35,38	35,42	35,46	35,49	35,52	35,56	35,60	35,63	35,66
13 - —	35,97	36,00	36,03	36,07	36,11	36,15	36,18	36,22	36,26	36,30	36,33	36,36
3	36,66	36,69	36,73	36,77	36,81	36,85	36,88	36,92	36,95	36,99	37,02	37,06
6	37,35	37,38	37,42	37,46	37,50	37,54	37,57	37,61	37,65	37,69	37,72	37,76
9	38,04	38,09	38,12	38,16	38,20	38,24	38,27	38,31	38,34	38,38	38,42	38,46
14 - —	38,74	38,77	38,81	38,85	38,89	38,93	38,96	39,00	39,04	39,08	39,12	39,16
3	39,43	39,46	39,50	39,54	39,59	39,63	39,66	39,70	39,74	39,78	39,82	39,86
6	40,12	40,15	40,20	40,24	40,28	40,32	40,35	40,40	40,44	40,48	40,52	40,56

du blé à Londres, suivant les différents poids du quarter. La dernière de ces Tables donne la parité avec Liverpool, qui cote par quintal anglais.

Tarif des frets anglais. — Les navires anglais comptent le fret pour la France, la Belgique, la Hollande, par imperial quarter de 500 livres anglaises, en shellings et pences.

Le fret normal est pour les blés; les seigles payent 2 pour 100 en plus; les orges et graines oléagineuses 5 pour 100; les avoines 22 ¹/₂ pour 100 en plus.

AUSTRALIE. — Les poids et mesures sont les mêmes que pour l'Angleterre, savoir : comme mesure de capacité, le bushel imperial = 36^{lit},35; comme mesure du poids, la livre *avoir-du-poids* = 0^{kg},4536.

Les principales affaires se font en blé; après viennent les avoines et ensuite les orges.

Les blés se traitent par quarter de 480 livres anglaises, ou par bushel imperial de 60 livres, et sont cotés en shellings et pences.

Les avoines et les orges se cotent par bushel de 50 livres anglaises. La qualité s'estime d'après l'échantillon envoyé. Pour les blés il y a une « bonne qualité moyenne » (*fair average quality*). La principale exportation se fait pour l'Angleterre.

INDES ANGLAISES. — Les grains se vendent actuellement au poids. Le poids légal (Standard weight) est le mönn = 37^{kg},324 ou 82,30 livres anglaises.

Pour l'exportation, on n'emploie que les poids et mesures anglais, tantôt le quarter, tantôt le quintal de 100 livres anglaises, qui est coté en roupies.

La qualité s'apprécie sur échantillon. Pour les blés il y a les bonnes qualités moyennes (*fair average quality*), qui sont désignées ainsi : N° 1, club Calcutta; n° 2, club Calcutta, etc.

Le Londres est coté à Bombay en shellings et pences par roupies. Les principales affaires d'exportation se font avec l'Angleterre, et l'Inde commence à fournir des quantités de grains considérables à l'Europe.

Autriche-Hongrie.

MESURES ET POIDS. — Depuis le 1ᵉʳ janvier 1876, le système métrique est en vigueur. — Les anciennes mesures de capacité étaient le *Viener metzen* = 61^{lit},487 ; à Trieste le *stajo* de 82^{lit},6 ; et la livre de Vienne de 560^{gr},06.

Le quintal est de 100 livres viennoises.

DÉTERMINATION DU RENDEMENT. — Il se constate comme en France, par le nombre d'hectolitres à l'hectare.

DÉTERMINATION DE LA QUALITÉ. — De même qu'en France, par le poids de l'hectolitre en kilogrammes, épreuve métrique.

USAGES DE PLACE A VIENNE. — Pour les *marchés à livrer*, les poids minima de l'hectolitre sont les suivants :

Pour les blés (*Weizen*).....	77^{kg},5	par hectolitre	
» seiglés (*Roggen*)..	69	5	»
» orges (*Gerste*)....	60		»
» avoines (*Hafer*)...	38	5	»

Au-dessous de ces minima, les grains qui ont été vendus sans condition peuvent être rejetés.

Pour les affaires au comptant, on convient d'un poids moyen de qualité. Mais pour un manque de poids de 90 décagrammes par hectolitre, l'acheteur a droit de refuser la livraison.

Jusqu'à un manque de poids de 20 décagrammes à l'hectolitre, et de 30 décagrammes pour l'avoine, l'acheteur n'a droit à aucune compensation ; mais au delà il a droit à des déductions de 1 et 2 ¹/₂ pour 100.

Le courtage sur les affaires au comptant est de ¹/₂ pour 100.

Sur les marchés à terme, il est de 2 kreuzers pour 100^{kg} payables par l'acheteur et par le vendeur. La commission varie de 1 à 2 pour 100. Minimum des opérations à terme 500 quintaux métriques. Le vendeur peut livrer 5 pour 100 en plus ou en moins. La différence se règle d'après le cours du jour.

Un chargement de wagon est de 100 quintaux métriques.

Le petit chargement (*kleine waggon ladung*) est de 50 quin-taux.

A PESTH, pour les *marchés à livrer*, les poids à l'hectolitre sont de 75^{kg} pour les blés et de $69^{kg},2$ pour les seigles; mêmes poids qu'à Vienne pour les orges et les avoines.

Un manque de poids de 10 décagrammes n'entraîne ni le rejet de la livraison, ni un droit à bonification de la part du vendeur.

Les affaires courantes se traitent d'après un poids moyen convenu, et un manque de poids de 70 décagrammes entraîne le refus de la marchandise.

A TRIESTE, il n'y a pas de règlement de place pour les poids minima dans les marchés à livrer, qui se traitent d'après des conditions convenues entre les parties. Dans l'usage, une dif-férence de poids de 3 pour 100 n'entraîne pas le rejet de la marchandise.

Les autres places où se tiennent des marchés aux grains d'une certaine importance : Prague, Linz, Czernowitz ont également des usages qui se rapprochent plus ou moins des précédents.

COTES ET CHANGES. — Les grains se cotent par 100^{kg} nets, sac non compris, en florins autrichiens et sans escompte.

Paris cote Vienne à trois mois (9 septembre 1881),

$$212^{fr} \text{ pour } 100 \text{ florins et } 4 \text{ pour } 100;$$

par conséquent, le papier à vue sur Vienne vaut

$$212 + 2,12 = 214^{fr},12$$

pour 100 florins à vue.

Ce même jour, les blés d'automne (*Herbst Weizen*) sont cotés à Vienne 13, 35 florins.

La parité du cours sera donnée par la conjointe

$$x^{fr} = 100^{kg},$$
$$100^{kg} = 13, 35 \text{ florins},$$
$$100 \text{ florins} = 214^{fr}, 12,$$

d'où

$$x = \frac{13, 35 + 214, 12}{100} = 28^{fr}, 58 \,^{1}/_{2}$$

ou

$$13, 35 \times 2, 1412 = 28^{fr}, 58 \,^{1}/_{2}.$$

RÈGLE PRATIQUE. — *Pour avoir en francs le prix de* 100^{kg} *de grains cotés en florins autrichiens à Vienne, on multiplie le cours à Vienne par le change à vue du florin.*

TRANSPORTS. — Les transports en chemin de fer de l'entrepôt de Vienne à Avricourt (frontière franco-allemande) ou à Delle (frontière franco-suisse) coûtent de $5^{fr}, 75$ à $5^{fr}, 80$ par 100^{kg}, et par vagons pleins. De Buda-Pesth aux mêmes points les 100^{kg} coûtent de $7^{fr}, 40$ à $7^{fr}, 50$.

L'Autriche exporte des grains en Suisse, en Angleterre, en France, en Belgique, en Allemagne, et quelquefois dans des pays hors d'Europe, comme par exemple le Brésil. Elle exporte aussi des farines.

TABLE DE PARITÉS. — La Table ci-après donne les calculs tout faits. Mais, en raison des fluctuations du cours du florin (actuellement papier-monnaie), on a dû prendre des écarts de changes assez étendus. On calculera aisément les parités intermédiaires qui sont sensiblement proportionnelles aux différences de cours et de changes.

AUTRICHE-HONGRIE.   FRANCE.

Grains de toute nature (getreide) cotés en Autriche en florins
par 100 kilogrammes.

Parités en francs et centimes par 100 kilogrammes.

COURS en florins.	LE FLORIN COTÉ A VUE DU PAPIER SUR VIENNE A PARIS.							
	205	207,50	210	212,50	215	217,50	220	222,50
4	8,20	8,30	8,40	8,50	8,60	8,70	8,80	8,90
4,50	9,22	9,34	9,45	9,56	9,67	9,79	9,90	10,01
5	10,25	10,37	10,50	10,62	10,75	10,87	11,00	11,12
5,50	11,27	11,41	11,55	11,68	11,82	11,96	12,10	12,23
6	12,30	12,45	12,60	12,75	12,90	13,05	13,20	13,35
6,50	13,32	13,49	13,65	13,81	13,97	14,14	14,30	14,46
7	14,35	14,52	14,70	14,87	15,05	15.22	15,40	15,57
7,50	15,37	15,56	15,75	15,93	16,12	16,31	16,50	16,68
8	16,40	16,60	16,80	17,00	17,20	17,40	17,60	17,80
8,50	17,42	17,64	17,85	18,06	18,27	18,49	18,70	18,91
9	18,45	18,67	18.90	19,12	19,35	19,57	19,80	20,02
9,50	19,47	19,71	19,95	20,18	20,42	20,66	20,90	21,13
10	20,50	20,75	21.00	21,25	21,50	21,75	22,00	22,25
10,50	21,52	21,79	22,05	22,31	22,57	22,84	23,10	23,36
11	22,55	22,82	23,10	23,37	23,65	23,92	24,20	24,47
11,50	23,57	23,86	24,15	24,43	24,72	25,01	25,30	25,58
12	24,60	24,90	25,20	25,50	25,80	26,10	26,40	26,70
12,50	25,62	25,94	26,25	26,56	26,87	27,19	27,50	27,81
13	26,65	26,97	27,30	27,62	27,95	28,27	28,60	28,92
13,50	27,67	28,01	28,35	28,68	29,02	29,36	29,70	30,03
14	28,70	29,05	29,40	29,75	30,10	30,45	30,80	31,15
14,50	29,72	30,09	30,45	30,81	31,17	31,54	31,90	32,26
15	30,75	31,12	31,50	31,87	32,25	32,62	33,00	33,37
15,50	31,77	32,16	32,55	32,93	32,32	33,71	34,10	34,48
16	32,80	33,20	33,60	34,00	34,40	34,80	35,20	35,60
16,50	33,82	34,24	34,65	35,06	35,47	35,89	36,30	36,61
17	34,85	35,27	35,70	36,12	36,55	36,97	37,40	37,82
17,50	35,87	36,31	36,75	37,18	37,62	38,06	38,50	38,93
18	36,90	31,35	37,80	38,25	38,70	39,15	39,60	40,05
18,50	37,92	38,39	38,85	39,31	39,77	40,24	40,70	41,16
19	38,95	39,42	39,90	40,37	40,85	41,32	41,80	42,27
19,50	39,97	40,46	40,95	41,43	41,92	41,41	42,90	43,38
20	41,00	41,50	42,00	42,50	43,00	43,50	44,00	44,50

Allemagne.

Mesures et Poids. — L'Allemagne a adopté le système métrique. Les mesures de capacité pour les grains sont l'hectolitre ou *fass* et le *neuscheffel* de 50^{lit}.

Les mesures de poids sont : la livre métrique de 500^{gr} ; le quintal (centner) de 100 livres allemandes = 50^{kg} ; la tonne de 2000 livres ou 1000^{kg}.

Pour la détermination de la qualité des grains, on se sert encore, à Brême et à Hambourg, de l'ancien zak d'Amsterdam, qui est de 83^{lit},44, et de l'ancienne livre troy = 0^{kg},492 17.

La QUALITÉ DES GRAINS s'établissait autrefois au moyen du poids en livres allemandes du neuscheffel, qui est encore usité à Stettin, Dantzig et Cologne.

Depuis quelques années, à Berlin et à Breslau, on estime la qualité des grains d'après le poids en grammes du litre.

Pour les affaires à terme, on compte à Berlin selon les épreuves suivantes :

Le blé à...	713^{gr} le litre équivalant à	73^{kg},9 par hectolitre
Le seigle à.	659 »	69, »
L'avoine à..	386 »	41 $^1/_2$ »

Le manque de poids ne doit pas excéder 5^{gr} par litre pour que le blé soit livrable. Le vendeur doit une bonification à l'acheteur pour les manques de poids.

A Hambourg, à Dantzig et à Brême la qualité s'estime d'après l'épreuve hollandaise par zak :

Pour les blés...	126 correspond à	74^{kg},3 par hectolitre,
Pour les seigles.	118 »	69 6 »

A Francfort-sur-le-Mein, les affaires en spéculation se font sur la base de

75^{kg} par hectolitre pour les blés,
70 » » seigles.

Usages. — Les places du nord de l'Allemagne, Berlin,

Breslau, Königsberg, Dantzig, Stettin, Leipsik, Hambourg et Brême, cotent les grains par 1000^{kg}, prix en marks.

Les places du Sud et les villes du Rhin, Cologne, Francfort-sur-Mein, Stuttgard, Mannheim, cotent par 100^{kg}.

Les places bavaroises cotent par 100 livres allemandes (50^{kg}).

A BERLIN, où il se fait des affaires considérables en spéculation, le courtage pour 1000^{kg} est pour le blé $^1/_2$ mark; pour le seigle et l'avoine $^3/_8$, mark, à payer par le vendeur.

Les marchés se font sur la base de 50 tonnes (1000 zoll centner). Le vendeur peut livrer jusqu'à concurrence de 5 pour 100 en plus ou en moins.

HAMBOURG fait des affaires considérables en blés et seigles.

Le courtage est de 25 marks par 50 tonnes, et de 50 pfennings (centièmes de mark) par 1000^{kg} payables par l'acheteur et par le vendeur.

Pour les affaires sur place (*loco*), la commission du vendeur est de 60 pfennings et 50 pfennings pour l'acheteur.

Brême et Stettin font des affaires considérables en seigles.

COTES ET CHANGES. — Le 8 septembre 1881 la cote de Hambourg était :

Blés courant mois...........	231 marks pour 1000^{kg}	
» septembre octobre......	230	»
Seigles courant mois........	170	»
» septembre octobre...	160	»

Le même jour, le papier sur l'Allemagne était coté à Paris

$$122 \; ^1/_4 \text{ pour 100 marks à trois mois et 4 °/}_0;$$

par conséquent le papier à vue vaut

$$122 \; ^1/_4 + 1, 22 \; ^1/_4 = 123, 47 \; ^1/_4.$$

Pour avoir la parité du cours du blé à Hambourg, nous

poserons

$$x^{fr} = 100^{kg},$$
$$1000 = 231 \text{ marks},$$
$$100 = 123,47\ ^{1}/_{4},$$
$$x = \frac{231 \times 123,47\ ^{1}/_{4}}{1000} = 28^{fr},52.$$

On trouverait par un calcul analogue qu'au même moment les seigles valent à Hambourg 21^{fr} les 100^{kg}.

RÈGLE PRATIQUE. — *Pour avoir en francs par 100^{kg} le prix des grains cotés en Allemagne par 1000^{kg} en marks, on multiplie le cours du grain par le change à vue de 100 reichmarks, et l'on divise le produit par 1000, c'est-à-dire on recule la virgule de trois rangs vers la gauche.*

FRETS. — Les navires allemands calculent les frets par 2500^{kg} (5000 livres allemandes). Le fret normal est celui des seigles ; les blés jouissent de 2 pour 100 de bonification ; les orges et les graines oléagineuses payent 3 pour 100 en plus ; les avoines 20 $^{1}/_{2}$ pour 100 en plus.

TABLE DE PARITÉS. — La Table de parités ci-après donne les calculs tout faits. On trouvera facilement les parités intermédiaires qui sont sensiblement proportionnelles aux différences de cours et de changes.

Grains de toute nature (getreide) cotés en Allemagne en reichmarks par 1000 kilogrammes.

Parités en francs et centimes par 100 kilogrammes.

COURS en marks.	LE REICHMARK COTÉ A VUE A PARIS.					
	123	123¼	123½	123¾	124	124¼
100	12,30	12,32	12,35	12,37	12,40	12,42
102,50	12,61	12,63	12,66	12,68	12,71	12,74
105	12,91	12,94	12,97	12,99	13,02	13,05
107,50	13,22	13,25	13,28	13,30	13,33	13,36
110	13,53	13,56	13,58	13,61	13,64	13,67
112,50	13,84	13,86	13,89	13,92	13,95	13,98
115	14,14	14,17	14,20	14,23	14,26	14,29
117,50	14,45	14,48	14,51	14,54	14,57	14,60
120	14,76	14,79	14,82	14,85	14,88	14,91
122,50	15,07	15,09	15,13	15,16	15,19	15,22
125	15,37	15,40	15,44	15,47	15,50	15,53
127,50	15,68	15,71	15,75	15,78	15,81	15,84
130	15,99	16,02	16,05	16,09	16,12	16,15
132,50	16,30	16,33	16,36	16,40	16,43	16,46
135	16,60	16,64	16,67	16,71	16,74	16,77
137,50	16,91	16,95	16,98	17,02	17,05	17,08
140	17,22	17,25	17,29	17,32	17,36	17,40
142,50	17,53	17,56	17,60	17,63	17,67	17,71
145	17,83	17,87	17,91	17,94	17,98	18,02
147,50	18,14	18,18	18,22	18,25	18,29	18,33
150	18,45	18,49	18,53	18,56	18,60	18,64
152,50	18,76	18,80	18,83	18,87	18,91	18,65
155	19,06	19,10	19;14	19,18	19,22	19,26
157,50	19,37	19,41	19,45	19,49	19,53	19,57
160	19,68	19,72	19,76	19,80	19,84	19,88
162,50	19,99	20,03	20,07	20,11	20,15	20,19
165	20,29	20,34	20,38	20,42	20,46	20,50
167,50	20,60	20,64	20,69	20,73	20,77	20,81
170	20,91	20,95	21,00	21,04	21,08	21,12
172,50	21,22	21,26	21,30	21,35	21,39	21,43
175	21,52	21,57	21,61	21,65	21,70	21,74
177,50	21,83	21,88	21,92	21,97	22,01	22,05
180	22,14	22,18	22,23	22,27	22,32	22,37
182,50	22,45	22,49	22,54	22,58	22,63	22,68
185	22,75	22,80	22,85	22,89	22,94	22,99
187,50	23,06	23,11	23,16	23,20	23,25	23,30
190	23,37	23,42	23,46	23,51	23,56	23,61

COURS en marks.	LE REICHMARK COTÉ A VUE A PARIS.					
	123	123¼	123½	124¾	124	124¼
192,50	23,68	23,72	23,77	23,82	23,87	23,92
195	23,98	24,03	24,08	24,12	24,18	24,23
197,50	24,29	23,34	24,39	24,44	24,49	24,54
200	24,60	24,65	24,70	24,75	24,80	24,85
202,50	24,91	24,96	25,01	25,06	25,11	25,16
205	25,21	25,27	25,32	25,37	25,42	25,47
207,50	25,52	25,57	25,63	25,68	25,73	25,78
210	25,83	25,88	25,93	25,99	26,04	26,09
212,50	26,14	26,19	26,24	26,29	26,35	26,40
215	26,44	26,50	26,55	26,61	26,66	26,71
217,50	26,75	26,81	26,86	26,92	26,97	27,02
220	27,06	27,11	27,17	27,22	27,28	27,33
222,50	27,37	27,42	27,48	27,53	27,59	27,65
225	27,67	27,73	27,79	27,84	27,90	27,96
227,50	27,98	28,04	28,10	28,15	28,21	28,27
230	28,29	28,35	28,40	28.46	28,52	28,58
232,50	28,59	28,66	28,71	28,77	28,83	28,89
235	28,90	28,96	29,02	29,08	29,14	29,20
237,50	29,21	29,27	29,33	29,39	29,45	29,51
240	29,52	29,58	29,64	29,70	29,76	29,82
242,50	29,83	29,89	29,95	30,01	30,07	30,13
245	30,13	30,20	30,26	30,32	30,38	30,44
247,50	30,44	30,51	30,56	30,63	30,69	30,75
250	30,75	30,81	30,87	30,94	31,00	31,06
252,50	31,05	31,12	31,18	31,25	31,31	31,37
255	31,36	31,43	31,49	31,56	31,62	31,68
257,50	31,67	31,74	31,80	31,87	31,93	31,99
260	31,98	32,04	32,11	32,17	32,24	32,30
262,50	32,28	32,35	32,42	32,48	32,55	32,62
266	32,59	32,66	32,73	32,79	32,86	32,93
267,50	32,90	32,97	33,03	33,10	33,17	33,24
270	33,21	33,28	33,34	33,41	33,48	33,55
272,50	33,52	33,58	33,65	33,72	33,80	33,86
275	33,82	33,89	33,96	34,03	34,11	34,17
277,50	33,13	33,20	33,27	33,34	33,42	33,48
280	34,44	34,51	34,58	34,65	34,72	34,79

Hollande.

MESURES ET POIDS. — La Hollande a le système métrique : l'hectolitre (*mud*) comme mesure de capacité, le kilogramme (*pond*) comme mesure de poids. La tonne $=$ 1000^{kg}.

La QUALITÉ des grains s'estime d'après le poids en kilogrammes de l'hectolitre.

USAGES DE PLACE. — Les principales affaires se font sur les places d'Amsterdam et de Rotterdam en seigles et blés.

Les opérations à terme n'ont lieu régulièrement que sur les seigles, rarement sur les blés ; elles portent sur 52500^{kg} au moins.

Les seigles secs doivent peser au minimum 69^{kg} et les seigles frais 71^{kg} par hectolitre.

On cote

Les blés....	2400^{kg}		à deux mois de terme,
Les seigles .	2100	ou 2300^{kg}	au comptant,
Les orges ..	2000	ou 1950	»
Les avoines.	100		au comptant ou à deux mois,
Les maïs...	2100	ou 2000	au comptant.

La marchandise doit être livrée dans la huitaine ; durant ce temps, elle reste aux frais et risques du vendeur. Mais on ne peut réclamer l'escompte pour un payement fait avant les huit jours.

Le courtage sur les blés est de 1 à 1 $^{1}/_{2}$ florin par 2400^{kg},
  »   seigles 0,60 à 1 $^{1}/_{2}$ »   2100.

Sur les orges, les avoines, les maïs, il est de 0,75 à 1 $^{1}/_{2}$ florins.

Commission de 1 à 2 pour 100 sur le net de la facture.

COTES, CHANGES ET PARITÉS. — Paris cote Amsterdam à trois mois. Le cours du 8 septembre nous donne 206 ; par conséquent, le cours à vue est 206 + 2,06 $=$ 208^{fr},06 pour 100 florins ou 2^{fr},0806 pour 1 florin.

Le même jour, nous trouvons sur la cote d'Amsterdam

Blés de printemps....... 322 florins pour 2400^{kg}
Seigles d'automne....... 219 »
» de printemps.... 200 »

Pour avoir la parité du blé, nous poserons

$$x^{fr} = 100^{kg},$$
$$2400^{kg} = 322 \text{ florins},$$
$$100 \text{ florins} = 208^{fr},06,$$

d'où

$$x = \frac{322 \times 208,06}{2400} \quad \text{ou} \quad \frac{322 \times 2,0856}{24} = 27^{fr},5o.$$

RÈGLE PRATIQUE. — *On multiplie le cours du blé par le cours à vue du florin hollandais, et on divise le produit par 24. Ce qui donne le prix en francs par* 100^{kg}.

FRETS. — Les navires hollandais comptent les frets par 2400^{kg} en florins des Pays-Bas.

Le fret normal est pour les blés. Les seigles payent 2 pour 100, les orges et graines oléagineuses 5 pour 100, les avoines 22 $^1/_2$ pour 100 de plus.

TABLE DE PARITÉS. — La Table de parité ci-après donne les calculs tout faits. On trouvera facilement les parités intermédiaires qui sont sensiblement proportionnelles aux différences de cours et de changes.

HOLLANDE.   FRANCE.

Blés (tarve) cotés en florins des Pays-Bas PB par 2400 kilogrammes.

Parités en francs et centimes par 100 kilogrammes.

COURS en florins.	LE PAPIER A VUE SUR AMSTERDAM COTÉ AUX COURS CI-DESSOUS.											
	207	207,25	207,50	207,75	208	208,25	208,50	208,75	209	209,25	209,50	209,75
240	20,70	20,72	20,75	20,77	20,80	20,82	20,85	20,88	20,90	20,92	20,95	20,98
245	21,13	21,15	21,18	21,20	21,23	21,25	21,28	21,31	21,33	21,35	21,38	21,41
250	21,56	21,58	21,61	21,64	21,67	21,69	21,72	21,75	21,77	21,80	21,82	21,85
255	21,99	22,01	22,04	22,07	22,10	22,12	22,15	22,18	22,20	22,23	22,25	22,28
260	22,42	22,45	22,48	22,51	22,53	22,56	22,59	22,62	22,64	22,67	22,70	22,72
265	22,85	22,88	22,91	22,94	22,96	22,99	23,02	23,05	23,07	23,10	23,13	23,15
270	23,29	23,31	23,34	23,36	23,40	23,43	23,46	23,48	43,51	23,54	23,57	23,60
275	23,72	23,74	23,77	23,79	23,82	23,85	23,88	23,91	23,94	23,97	24,00	24,03
280	24,15	24,18	24,20	24,24	24,27	24,30	24,33	24,36	24,38	24,41	24,44	24,47
285	24,58	24,61	24,63	24,66	24,69	24,72	24,76	24,79	24,82	24,85	24,88	24,91
290	25,01	25,04	25,07	25,10	25,13	25,16	25,20	25,23	25,25	25,28	25,31	25,35
295	25,44	25,47	25,50	25,53	25,56	25,59	25,63	25,66	25,69	25,71	25,74	25,77
300	25,87	25,90	25,94	25,97	26,00	26,03	26,06	26,09	26,13	26,16	26,19	26,22
305	26,30	26,33	26,37	26,40	26,43	26,46	26,49	26,52	26,56	26,59	26,63	26,66
310	26,74	26,77	26,80	26,83	26,87	26,90	26,93	26,96	27,00	27,03	27,06	27,09
315	27,17	27,20	27,24	27,27	27,30	27,33	27,36	27,39	27,43	27,47	27,50	27,53
320	27,60	27,63	27,67	27,70	27,73	27,77	27,80	27,83	27,87	27,90	27,94	27,97
325	28,03	28,06	28,09	28,13	28,16	28,20	28,23	28,26	28,30	28,33	28,37	28,40
330	28,46	28,49	28,53	28,57	28,60	28,63	28,67	28,70	28,74	28,77	28,81	28,84
335	28,89	28,92	28,96	29,00	29,03	29,06	29,10	29,14	29,17	29,20	29,24	29,27
340	29,32	29,35	29,40	29,43	29,47	29,50	29,54	29,57	29,61	29,64	29,68	29,72
345	29,75	29,78	29,83	29,86	29,90	29,93	29,97	30,00	30,04	30,07	30,12	30,16
350	30,19	30,22	30,26	30,30	30,33	30,37	30,41	30,44	30,48	30,51	30,55	30,59
355	30,62	30,66	30,69	30,73	30,76	30,80	30,84	30,87	30,92	30,95	30,98	31,02
360	31,05	31,09	31,13	31,16	31,20	31,24	31,28	31,31	31,35	31,39	31,42	31,46
365	31,48	31,52	31,56	31,59	31,63	31,67	31,71	31,74	31,78	31,82	31,86	31,90
370	31,91	31,95	31,99	32,03	32,07	32,11	32,15	32,18	32,22	32,26	32,30	32,34
375	32,34	32,38	32,42	32,46	32,50	32,54	32,58	32,61	32,65	32,69	32,73	32,77
380	32,77	32,81	32,85	32,89	32,93	32,97	33,01	33,05	33,09	33,13	33,17	33,21
385	33,20	33,24	33,28	33,32	33,36	33,40	33,44	33,48	33,52	33,56	33,60	33,64
390	33,64	33,68	33,72	33,76	33,80	33,84	33,88	33,92	33,96	34,00	34,04	34,09
395	34,07	34,11	34,15	34,19	34,23	34,27	34,31	34,35	34,39	34,43	34,48	34,52
400	34,50	34,54	34,58	34,62	34,67	34,71	34,75	34,79	34,83	34,87	34,92	34,96

Espagne.

Poids et mesures. — Le système métrique est légalement adopté, mais, dans le commerce des grains, on se sert encore des anciennes mesures de capacité qui sont : la *fanègue*, $55^{lit},5$; et la *cuartera*, 70^{lit} ([1]).

Le poids est le kilogramme : pour les blés la qualité s'estime en kilogrammes par cuartera. Les blés sont cotés par 55^{kg} en pesetas, c'est-à-dire qu'on compte la *cuartera* de 70^{lit} au poids moyen de 55^{kg}.

Les autres espèces de grains se cotent aussi à la *cuartera*. Le payement se fait à trois mois, contre acceptation ; mais l'acheteur a le droit de se libérer moyennant escompte à 5 pour 100 l'an.

Courtage $^1/_2$ pour 100.

Il se fait des affaires à terme sur des grains dont la qualité est stipulée conforme à un échantillon cacheté.

Changes. — L'Espagne, Madrid et Barcelone se cotent à trois mois. Le 9 septembre 1881, le Barcelone à trois mois est coté 498,50, cours moyen. Par conséquent, le Barcelone à vue vaut $498,50 + 4,985 = 503,48^1/_2$ les 500 pesetas ou $5,0348^1/_2$ les 5 pesetas ; à la même époque les blés d'Espagne sont cotés à Barcelone $17^1/_2$ pesetas par fanègue.

Pour avoir la parité en francs par 100^{kg}, nous poserons

$$x^{fr} = 100^{kg},$$
$$55,5 = 1 \text{ fanègue},$$
$$1 = 17,5 \text{ pesetas},$$
$$5 = 5^{fr},0348\,^1/_2,$$

d'où

$$x = \frac{100}{55,5 \times 5} \times 17,5 \times 5,0348\,^1/_2 = 31^{fr},72.$$

([1]) D'après les dernières expériences faites à Marseille, 100 fanègues font $33^1/_3$ charges $= 53.^1/_3$ hectolitres.

Or

$$\frac{5,55 \times 5}{180} = 0,36.$$

RÈGLE PRATIQUE. — *Pour avoir le cours en francs par* 100^{kg} *des blés cotés en pesetas espagnoles par fanègues de* 55^{kg},5, *on multiplie le cours de la fanègue par le change à vue de la piastre, et le produit par* 0,36.

CHILI. — Le Chili fait une exportation de grains assez considérable qui viennent quelquefois au Havre. Son système de poids et mesures est le système métrique ; néanmoins, dans le commerce local, on se sert encore de la fanègue chilienne = 90^{lit},75 à Valparaiso et 106^{lit} à la Conception, ainsi que de la livre espagnole de 450^{gr}.

A la Conception, les blés se traitent actuellement à l'hectolitre, rendus à bord ; l'hectolitre doit peser 166 livres espagnoles, équivalant à 76^{kg},4. Le prix est en piastres chiliennes, qui équivalent à notre pièce de 5^{fr}.

Valparaiso ne change guère régulièrement qu'avec Londres à quatre-vingt-dix jours de vue ou cent trente-cinq jours de date.

États scandinaves.

DANEMARK. — Les mesures de capacité pour les grains sont la *korn tonde* = 1^{hlit},3912 ; le *last* = 12 tonnes.

Les poids sont la livre danoise de 500^{gr} ; le quintal de 100^{liv} ; le last de commerce (*commerce last*) = 5200^{liv} ou 2600^{kg}.

Les grains se traitent au poids et, d'après le quintal (de 50^{kg}), la cote est en *kronas*.

A Copenhague, les principales affaires se font en blés et en orges. Il y a un marché aux grains.

Le courtage, qui varie de $^{1}/_{2}$ à $^{1}/_{5}$ pour 100, est payé à la fois par le vendeur et par l'acheteur.

La qualité s'estime, d'après le poids du zak hollandais, en livres troy. Pour les transactions, on convient d'un poids maximum et d'un poids minimum, et le vendeur a le droit de livrer dans ces limites.

Suède. — La mesure pour les grains est la *tunna* = 1^{hlit},649. Depuis le 1er janvier 1879, la mesure légale est le pied cube (*cubikfass*) = 26^{lit},173 (63 pieds cubes = 10 tonnes).

L'unité de poids est la livre (*skal pund*) = 0^{kg},425. Le quintal (*centner*) = 100 punds, le *nylast* = 100 quintaux.

La Suède exporte régulièrement des quantités considérables d'avoines qui vont en Angleterre et une petite quantité d'orges; elle importe des seigles et de la farine du Danemark.

Il n'y a pas marché prédominant; les affaires se traitent par commissionnaires.

La Norvège a conservé les anciennes mesures danoises : la tonne pour les grains (*korn tonde*) = 1^{hlit},3912; le *last* = 12 tonnes.

La livre poids = 0^{kg},4984. Dans la pratique 1 centner = 50^{kg}.

La Norvège exporte une petite quantité d'avoines et importe des blés, des seigles et des orges qu'elle tire des pays voisins, quelquefois de France.

Les principales affaires sont en seigles et en orges, qui se traitent par commissionnaires et se couvrent pour la France en papier court sur Paris.

On calcule la tonne :

			kg	
Blé à.........	216 livres,	soit	77,4	par hectolitre
Seigle à......	208	»	74,6	»
Orge à.......	190	»	68,1	»

Le change sur Paris à vue par 100^{fr} en krones.

Turquie d'Europe et Principautés danubiennes.

Les céréales de la Turquie d'Europe et des pays qui bordent le Danube sont appelées à jouer un certain rôle dans l'alimentation de l'Europe, surtout depuis que les chemins de fer ont pénétré dans ces contrées, et, par des combinaisons de tarifs, permettent aux grains d'arriver jusque chez nous à des prix modérés.

C'est ainsi que, de Suczava sur la frontière de la Gallicie, le trajet entre la Roumanie et la France, par wagons pleins de 10 000^{kg}, revient, de Suczava à Delle (frontière franco-suisse), à 92^{fr},85 les 1000^{kg}, soit 9,28 $^1/_2$ les 100^{kg}, et à 94^{fr} jusqu'aux Verrières.

Par les bateaux du Danube et la mer Noire, le fret pour les grains d'Ibraïla (Roumanie) pour Marseille est de 4^{sh} $^1/_2$ à 5^{sh} par charge de 160^{lit}, soit de 3^{fr},50 à 4^{fr} les 100^{kg}.

Mesures de capacité pour les grains.

LA TURQUIE D'EUROPE, LA BULGARIE ET LA SERBIE se servent du *kilé* de Constantinople = 35^{lit},266; du *kilé* de Salonique = 4 kilés de Constantinople, et du kilé de Rahowa = 3 kilés de Constantinople.

LA ROUMANIE ET LA VALACHIE se servent du kilé d'Ibraïla (*chilé* ou *kila*) = 6^{hlit},75; de sorte que 1 kilé de Braïla = 19 kilé de Constantinople.

Le kilé de Galatz (Moldavie) = 4^{hlit},16. Dans le commerce on compte 2 kilés d'Ibraïla pour 3 kilés de Galatz.

A Marseille 100 kilés de blé d'Ibraïla = 420 charges.

Mesures et poids. — Dans tous les pays du bas Danube, on se sert de l'*oka* turque = 1^{kg},284.

Dans les usages du commerce, on compte

A Galatz.........	78 okas = 100^{kg},
A Jassy..........	78½ » = 100^{kg},
A Constantinople.	44 » = 56^{kg},
»	100 » = 8 puds russes.

Bien que le système métrique soit légalement introduit dans ces contrées, on se sert cependant et on se servira peut-être longtemps encore des anciennes mesures sur la valeur précise desquelles on n'est même pas bien d'accord.

La *qualité des grains* s'estime, d'après le nombre d'okas, au kilé de Constantinople.

Et elle subit des variations correspondantes aux variations des mesures elles-mêmes dans les autres pays de la même région (*Getreide handel de R. Sonndorfer Vienne, 1880*).

A Constantinople. — Les poids moyens *par kilé* sont : pour les

Blés de...	21 à 22	oka	équivalant à	74 à 78^{kg}	par hectolitre,
Seigles....	20	21 »	»	70	74	»
Orges.....	15	18 »	»	56	67	»
Maïs......	21	22 »	»	74	78	»

On distingue en outre les provenances roumélienne, roumaine ou russe.

A Salonique. — Le poids moyen des grains s'estime par kilé de Salonique, qui équivaut à 4 kilés de Constantinople. On compte donc par kilé, pour les

Blés......	86 à 90	okas	équivalant de	77 à 79^{kg}	par hectolitre,
Seigles ...	80	84 »	»	70	74	»
Orges.....	60	70 »	»	53	62	»
Avoines...	46	50 »	»	41	44	»
Maïs......	86	88 »	»	77	78	»

A Ibraïla (Valachie). — Les poids moyens en kilés de Valachie (*kila*) sont, pour les

Blés de.....	500 à 520^{kg},	soit 74 à 77^{kg}	par hectolitre,
Seigles......	470	» 69,6	»
Orges.......	360	400 » 53 à 60	»
Maïs........	520	» 77	»

A Galatz (Moldavie). — Les poids moyens en kilés (*kila*) de Galatz (100 kilés de Galatz = 260 charges de Marseille), pour les

Blés..........	320^{kg},	soit 77^{kg}	par hectolitre,
Seigles	290	» 69,3	»
Orges	238	» 57,2	»
Avoines.......	160	» 38,5	»
Maïs..........	320	» 77	»

A Jassy (Moldavie). — Les poids moyens en kilés (*kila*) de Jassy sont, pour les

Blés....... 275 oka équivalant à 77^{kg} par hectolitre,
Seigles .... 250 »   »   70   »
Maïs....... 275 »   »   77   »

Usages de places, changes. — Ces places cotent les grains d'après les mesures de capacité, et selon les qualités en usage pour chacune d'elles, comme nous venons de l'indiquer ci-dessus.

Les cours pour Constantinople sont en piastres d'or au change de 1^{liv} turque d'or, 22^{fr},50 = 100 piastres; à Salonique, la livre d'or turque est comptée pour 105 piastres.

Jassy cote les grains par 300 okas en ducats autrichiens (11^{fr},75).

Galatz cote en *lei noi* (équivalant au franc).

Ainsi, en avril 1879, les blés n° 1 étaient cotés 58^{fr}, le kilé de 320^{kg}; on avait donc, pour la parité avec Paris

$$x^{fr} = 100^k,$$
$$320^k = 58^{fr},$$
$$x = \frac{58 \times 100}{320} = 18^{fr}, 12 \tfrac{1}{2}.$$

Les grains sont soumis à des taxes d'exportation qui s'élèvent à 1^{fr} par kilé de blé, et 0^{fr},50 par kilé de seigle.

Les frets d'exportation se calculent selon les usages des pays de destination.

Ibraïla. — Cote les grains tantôt en anciennes piastres valaques et en *lei noi* (francs).

La pièce de 20^{fr} d'or est comptée pour 55 anciennes piastres valaques.

Indépendamment de ces places, qui sont les marchés les plus importants, il y a en Valachie un certain nombre de marchés secondaires qui ont pour intermédiaires les agents des compagnies de navigation du Danube.

Bᴜʟɢᴀʀɪᴇ. — Les principaux marchés pour les grains sont Rustuck, qui est relié par un chemin de fer avec Varna et qui cote en piastres par kilés de Constantinople; Sistova, Nicopoli et Rahowa qui cotent les grains en piastres par kila de Rahowa = 3 kilés de Constantinople.

Lᴀ Sᴇʀʙɪᴇ exporte aussi des grains, dans les bonnes années; on les cote en piastres par 100 okas. La pièce de 20^{fr} est comptée pour 101 piastres.

Les droits d'exportation sont de 4,5 piastres par 100 okas.

Éɢʏᴘᴛᴇ. — La mesure de capacité pour les grains est l'*ardeb* qui varie selon les localités. Celle du Caire, adoptée pour l'exportation des grains, est de 183^{lit},192; le poids usité est l'oka = 1^{kg},235 et le *cantar* (quintal de 36 oken) de 100 rottolis = 44^{kg},50. Le rottoli = 0^{gr},445.

Les grains se traitent à l'ardeb et sont cotés en *piastrestarif*. Le payement se fait au comptant avec courtage de $^1/_2$ pour 100.

La qualité s'apprécie, comme autrefois les métaux précieux, en carats. Ainsi on stipule le blé à 21 carats, ce qui signifie que sur 24 parties il ne doit pas y avoir plus de 3 parties en matières étrangères.

100 ardebs de blé rendus à Londres font 62 $^1/_2$ quarters à Marseille, et équivalent à 108 ou 110 charges de 116 à 118 kilogrammes.

A Pᴏʀᴛ-Sᴀïᴅ. — Le poids moyen est de 310 à 315 rottoli par ardeb, ce qui équivaut à 75-76^{kg} par hectolitre.

A Bᴇʜᴇʀᴀ. — Le poids moyen est de 325 à 330, soit 79^{kg} à 80^{kg} par hectolitre.

La plus grande partie des grains va en Angleterre. Il en arrive cependant aussi à Marseille et à Trieste.

Le change sur Londres est à trois mois de date, par livre sterling, en *piastre tarif* sur la base de 1 liv. st. = ± 97,5 piastres tarif; sur Marseille, à trois mois, 20^{fr} = ± 77$^3/_{25}$ piastres tarif.

Tunis. — La mesure de capacité pour les grains est le *cahiz* ou kafis qui équivaut à environ $4^{lit},96$.

Le poids est le rottoli qui, dans le commerce des grains, équivaut à $0^{kg},5684$, et souvent pour $^1/_2$ kilogramme.

CONSIDÉRATIONS GÉNÉRALES

ÉCONOMIQUES, FINANCIÈRES ET COMMERCIALES.

I.

Nous n'avons pu qu'effleurer, dans ce qui précède, cette importante question des céréales; bien des documents nous ont manqué et nous manquent encore pour une étude plus satisfaisante et plus complète. Nous espérons cependant que ce petit travail ne sera pas sans intérêt.

On y aura remarqué, entre autres choses, cette tendance du commerce à constituer des types parfaitement définis, de quantité et de qualité, pour servir de base aux transactions. A ce titre, le marché des céréales et de quelques autres denrées se rapproche de celui des changes, métaux précieux et monnaies, que nous avons traités dans un précédent ouvrage ([1]). Nous avons fait observer aussi cet équilibre que conserve un même produit sur les différentes places. Celles-ci, d'après une image que nous empruntons à M. Léon Say, sont des vases communiquants entre lesquels un niveau commun s'établit, ou se rétablit, avec une rapidité et une précision remarquables.

Ces types de marchandises, ainsi constitués en quantité et en qualité, ont donc deux des propriétés fondamentales de la monnaie elle-même, qui n'est autre, comme on sait, qu'un poids déterminé de métal précieux, d'un titre également déterminé.

Par suite des perfectionnements des instruments de circulation, dont nous n'avons pas à refaire ici l'histoire, la mon-

---

([1]) *Le Change et la Banque*, par H. Lefèvre, 1881. In-8°. Ch. Delagrave, éditeur.

naie a été représentée par le billet de Banque; le billet de Banque, dans une circulation encore plus perfectionnée, représente en partie de la monnaie, et en partie des transactions commerciales, ayant pour base un échange de produits consommables, par conséquent réalisables en espèces dans un délai généralement assez court. Mais le billet de Banque laisse en dehors toute la masse des produits qui ne seront pas consommés dans les délais d'usage.

Le warrant et la filière permettent bien, dans une certaine limite, de faire circuler ces derniers, mais ce sont des instruments primitifs et incommodes; on peut s'en servir, faute de mieux, pour les marchandises de petite consommation et qui n'ont pas de marché régulier. Pour les marchandises de grande consommation, comme les céréales, les farines, les cotons, les sucres, les alcools, les huiles, etc., ils sont peut-être plus gênants qu'utiles, et les capitaux flottants hésiteront toujours à s'engager dans des opérations avec eux, dont ils ne sauraient facilement sortir. Toute complication de signatures et d'endos est un obstacle réel à la circulation et se fait payer en conséquence.

Pour fixer les idées sur la denrée qui fait l'objet même de ce travail, il faut arriver à créer le *bon* ou le *billet de céréales*, comme se trouve constitué le *billet de Banque,* qui est un *bon de monnaie;* car, au fond, ils ne diffèrent pas essentiellement l'un de l'autre, comme nous l'avons dit plus haut; seulement l'un d'eux, celui qui représente la monnaie, est pris pour unité de mesure des autres valeurs.

Nous n'avons pas l'intention de résoudre ici certaines difficultés d'application, qui sont loin d'ailleurs d'être insurmontables; mais nous voulons appeler l'attention du public et des financiers sur la possibilité de constituer des Banques d'émission de billets de céréales, de farines, de cotons, de sucres, etc.

De même que la Banque de France délivre ses billets contre des dépôts d'espèces, et contre des engagements de verser des espèces à des époques déterminées;

De même, une Banque de céréales, par exemple, délivrerait ses billets, en coupures diverses, soit contre des dépôts de grains d'une qualité type, soit même contre des engagements, revêtus de trois signatures dont celle d'un banquier, de livrer, à des époques déterminées, telles quantités de grains de la qualité type.

Et, contre présentation de ces billets, la Banque tiendrait à la disposition des présentateurs la quantité de grains stipulée audit billet, comme le fait la Banque de France pour les espèces.

Les billets de céréales circuleraient comme les valeurs mobilières, soumises nécessairement à toutes les fluctuations du marché.

La question a en ce moment même une certaine importance.

Nous assistons à un phénomène financier assurément très remarquable : c'est la concentration des capitaux, c'est-à-dire le groupement instinctif des petites forces ; d'où le développement, évidemment exagéré, des Banques et des institutions de crédit de toute nature. Ces forces se groupent-elles entre des mains dignes et capables de les mettre en œuvre ? Cela est moins évident.

Il est clair que le progrès exige que les capitaux se portent à la fois sur les instruments de production et sur les produits ; mais, dans un cas comme dans l'autre, doivent-ils suivre la même voie ?

Les industries de production ne peuvent jamais être très considérables ; au delà d'une certaine limite, qui dépasse les forces de l'individu qui les dirige, elles périclitent. Leur transformation en Sociétés anonymes est presque toujours une erreur, et souvent une fraude. Les actions qui les représentent ne peuvent avoir qu'un marché restreint, et la plupart du temps s'immobilisent dans le portefeuille du capitaliste qui n'est, en réalité, qu'un simple commanditaire à risques limités. Elles sont inadmissibles dans le portefeuille d'un banquier dont le capital doit toujours être disponible ou rapidement réalisable. Il est très difficile, en outre, de savoir si l'instrument de production qu'elles représentent est bien conçu et bien manié. L'erreur, volontaire ou non, est trop facile en pareil cas pour ne pas donner lieu à de graves abus, comme ceux dont nous sommes tous les jours témoins.

Les Banques et les Institutions de crédit qui sont chargées de la gestion des capitaux d'autrui n'ont aucunement qualité pour les engager dans des affaires dont on ne connaît jamais au juste le présent et encore moins l'avenir, ni pour faire le commerce de titres industriels; tout au plus peuvent-elles servir d'intermédiaires pour leur placement.

On sait cependant que ce n'est point ainsi que les choses se passent, et que les portefeuilles des établissements financiers sont, sous une forme ou sous une autre, gonflés de titres dont la réalisation est difficile, sinon impossible, malgré les plus-values qu'on leur fait faire, qui sont la plupart du temps fictives, et ne servent qu'à balancer des comptes débiteurs toujours parfaitement réels. La démonstration de ce fait par des catastrophes éclatantes n'est plus qu'une question de mois. Certains symptômes le font déjà pressentir (¹).

Le groupement de capitaux sera peut-être alors un instant suspendu, mais il reprendra bientôt de plus belle, parce qu'il est dans la force même des choses, jusqu'à ce qu'il trouve des ingénieurs du progrès économique à la fois dignes et capables de le diriger.

On organisera les Banques de produits; parce qu'un *actif* de produits est quelque chose de réel, sur lequel l'erreur n'est guère possible, et qu'il est forcément réalisable dans un temps donné. Sans doute, il peut y avoir des fluctuations, mais celles-ci ne sont pas comparables à ce qu'on produit artificiellement sur des valeurs non susceptibles d'un contrôle sérieux.

Il est vrai que les bénéfices — apparents — seront moindres, mais ils seront plus solides ; et ils profiteront davantage à la Société qu'à ceux qui la dirigent.

(¹) Ces catastrophes viennent d'avoir lieu (janvier 1882).

Quiconque observe avec attention ce qui se passe sous ses yeux ne tarde pas à apercevoir que le mouvement financier qui, depuis le Crédit mobilier, a été presque exclusivement industriel, va devenir commercial, et que les Banques de produits prendront pour modèles les Banques des métaux précieux et de monnaies, destinées à leur servir de type.

C'est dans cette voie, tout indirecte qu'elle soit, que l'Agriculture trouvera les capitaux qui lui manquent.

II.

Des diverses fonctions sociales, celle qui semble s'organiser le mieux et le plus vite, c'est la fonction de circulation, à laquelle préside le commerce. Bien qu'il ne soit pas encore, sur beaucoup de points, débarrassé des entraves qui ont pesé si longtemps sur lui, on peut dire qu'il est à la hauteur de sa mission, et que la répartition des produits se fait de nos jours avec une précision remarquable. Ce n'est pas à dire qu'il n'ait plus de progrès à réaliser, mais ceux qui lui restent à faire dépendent de conditions sur lesquelles il n'a qu'une action indirecte.

Le type des procédés de circulation, soit sur un seul marché, soit entre marchés différents, se présente dans le commerce des valeurs, et surtout des fonds d'État, c'est-à-dire sur des marchandises qui, par leur nature, sont toujours identiques à elles-mêmes Il peut y avoir des différences d'appréciation, mais il ne saurait y avoir de confusion, entre l'acheteur et le vendeur, sur la nature même du titre.

De nos jours, comme nous l'avons vu plus haut, le commerce tend à constituer, pour un certain nombre de marchandises de grande consommation, des types de qualité et de quantité presque aussi bien définis que le sont les valeurs mobilières et les monnaies, de sorte que, dans un marché, la discussion ne porte que sur les prix.

De là un perfectionnement nouveau dans les procédés de l'échange. Chez les peuples primitifs, comme on peut

encore l'observer de nos jours à la côte d'Afrique et en
Océanie, tout marché, et en général toute transaction, est
précédé par d'interminables *palâbres* au moyen desquelles les
contractants cherchent à s'étourdir l'un l'autre.

A un état de civilisation même assez avancé, le procédé
reste le même, avec quelques différences de forme. En
Orient, dans la langue persane, les courtiers s'appellent
édals, c'est-à-dire grands parleurs. Avant de conclure un
marché, les *édals* ne manquent jamais de se livrer à de longs
et fastidieux colloques; après quoi, ils conviennent du prix,
mystérieusement, au moyen de signes qu'ils se font avec leurs
mains dissimulées sous un manteau.

La rhétorique du charlatan qui débite ses baumes sur la
place publique, ou qui fait des annonces dans les journaux,
le verbiage plus ou moins impertinent du commis de bou-
tique, ou du commis-voyageur, découlent des *palâbres* sau-
vages, et en sont moins loin qu'on ne pourrait le croire.

Aujourd'hui encore, les négociants sont convaincus que,
pour développer notre commerce, il faudrait pouvoir *vanter*
nos marchandises dans toutes les langues du monde. C'est
une préoccupation qui domine tous leurs projets d'enseignement. Mais ils ne semblent pas remarquer que ce n'est plus
que dans le bas commerce qu'on *palâbre* encore. Dans le
grand commerce, le seul qui soit digne de faire l'objet d'une
véritable science, deux monosyllabes « j'ai » — « je prends »,
suivis d'un chiffre, suffisent à la conclusion d'une affaire; ce qui
implique que les deux contractants n'ont plus la moindre idée
de se tromper, ni sur la quantité ni sur la qualité des marchandises qui font l'objet de l'échange.

De nos jours, on ne *palâbre* pas avec le télégraphe ; on
fait des affaires par centaines de millions dans le monde entier,
sur les céréales, les cotons, les sucres, les huiles, les métaux, etc., avec une centaine de mots empruntés à toutes les
langues (¹).

(¹) Nous ne voulons pas dire par là qu'un commerçant ne doive pas apprendre

Seulement il est clair que, dans le petit et moyen trafic de détail, il faut bien pouvoir parler la langue du client, plus ou moins connaisseur, et qu'on cherche tout naturellement à « entortiller ». Malgré des progrès moraux très réels, le commerce prend encore pour emblème le caducée de Mercure, qui était aussi le dieu de l'éloquence et des voleurs. Il est vrai qu'à la formule brutale du soldat qui dit : « Je veux, » il substitue la formule aimable « Voulez-vous ? » et cherche à persuader son interlocuteur, au lieu de le battre, ce qui est assurément préférable.

L'immense progrès réalisé par le commerce et destiné à s'étendre à toutes les relations humaines est dû à un instrument bien connu : la Balance, symbole de l'égalité et de la justice, par laquelle on détermine, dans un grand nombre de cas, à la fois la quantité et la qualité d'un produit, comme nous l'avons vu pour les céréales.

Les Égyptiens avaient si bien compris le rôle social de cet instrument pour supprimer l'une des sources les plus fréquentes des discussions humaines, qu'ils le mirent parmi les signes du zodiaque. Ils placèrent la Balance dans les mains de la Vierge, dont la constellation correspondait alors en Égypte à l'époque des moissons. La Balance présidait à leur pesage et à leur répartition.

De nos jours le *Grand Livre* du commerçant n'est pas autre chose qu'un perfectionnement de la balance antique, dont chacun des plateaux serait divisé en autant de compartiments qu'on veut ouvrir de comptes différents.

L'un de ces plateaux est affecté aux crédits, l'autre aux débits. Au début des opérations, on a dû les mettre en équilibre en plaçant le capital dans le compartiment qui lui est affecté du côté des crédits, et en l'équilibrant dans l'autre, par les débits de la caisse, des marchandises et des valeurs en lesquels il se transforme, comme si on mettait des poids

les langues ; elles lui sont plus nécessaires qu'à tout autre ; mais on peut être très grand commerçant sans être polyglotte.

égaux des deux côtés; effectivement : capital, caisse, marchandises, valeurs, services, etc., sont rapportés à une unité de mesure, la monnaie, qui est elle-même la représentation d'un certain poids de métal précieux.

Puis, toute opération nouvelle se traduit, en définitive, par un même poids qui s'ajoute sur les deux plateaux de la balance, dans le compartiment du crédit d'un compte et le compartiment du débit d'un autre compte. De sorte qu'il y a toujours équilibre sur cette balance, à moins d'une omission sur l'un des plateaux, ce qui se reconnaît de suite, ou de l'omission de quoi que ce soit sur les deux plateaux à la fois, ce qui se reconnaîtra forcément aussi en faisant l'*inventaire* de ce qui existe réellement dans la caisse, les marchandises, le portefeuille, ou tous autres comptes.

Quiconque connaît tant soit peu le mécanisme, extrêmement simple, de cette transformation de la balance antique, sait bien qu'il n'est pas possible de ne pas attribuer à chacun ou à chaque compte ce qui lui est légitimement dû.

Devant la balance d'un grand livre, il n'y a pas à *palâbrer*, c'est la justesse même, c'est la justice, c'est-à-dire le fondement réel de toute morale publique et privée qu'il est désormais impossible de faire reposer sur les bases théologiques ou métaphysiques.

Il n'y a, par exemple, que deux manières de résoudre les questions sociales qui agitent notre époque : les coups de fusil ou la justice; non pas la justice des hommes de loi, mais celle qui résultera de la balance des comptes d'un grand livre où seront divisés, analysés et pesés les services et produits de chacun dans le résultat final, ainsi que le fait un commerçant qui veut se rendre compte de la situation de ses affaires (¹).

(¹) M. Eug. Léautey a parfaitement fait ressortir l'importance sociale de la comptabilité dans un Livre très intéressant qui a paru en 1881 à la librairie Guillaumin, sous le titre de *Questions actuelles de Comptabilité et d'Enseignement commercial*, page 62 et suivantes.

Et il est impossible d'imaginer d'autres bases à la morale future que celles qui dérivent d'une comptabilité sociale dont la comptabilité commerciale nous offre jusqu'à un certain point le modèle. C'est pourquoi le maniement et la pratique de cette balance moderne, qui est à la portée de tous, précisément en raison de son extrême simplicité, devraient faire partie de l'enseignement général comme préparation à la notion de justice (¹).

Dans un congrès qui a été tenu à Saint-Étienne le 22 octobre 1875, et où l'on a conclu à la nécessité d'un Institut de hautes études commerciales, qui devait être surtout une école de *Jeunes de Langues* (*palâbrer*), on demandait un cours d'*Esthétique* du commerce! Cette proposition est peut-être moins étrange qu'elle ne le paraît.

En effet, nous sommes ici en présence d'une fonction de circulation; toute circulation suppose un organe central, un cœur; tout cœur a des palpitations; et on sait que de tout temps ce sont les palpitations du cœur qui inspirent les poètes. Mais ceux-ci n'ont encore célébré les phénomènes de la circulation sociale, qu'ils ne comprennent guère d'ailleurs, que par l'anathème et le mépris.

Quoi de plus désordonné en apparence que la Bourse! Que n'a-t-on pas dit contre l'agiotage qu'elle développe, les ruines qu'elle cause, les scandaleux tripotages dont elle semble être l'origine et la fin! N'a-t-on pas répété sur tous les tons que les marchés à terme, et surtout les marchés à primes, n'étaient qu'un jeu immoral que l'on devait rigoureusement réprimer! Les lois ne manquent certes pas; mais elles sont outrageuse-

---

(¹) Il ne faut pas du tout confondre, comme on n'est que trop porté à le faire, même dans l'instruction publique, la comptabilité avec le commerce; le commerce est un organe de circulation sociale; la comptabilité est l'art de manier la balance moderne, à l'aide de laquelle on pèse les produits et les services dans un travail commun. Ce sont des choses essentiellement différentes, et sur lesquelles on n'a pas d'idées nettes, comme on peut en juger dans les programmes officiels de l'enseignement secondaire spécial, et dans ceux des écoles de commerce, soit supérieures, soit de hautes études. Cette confusion est très fâcheuse, et nous l'avons déjà signalée plusieurs fois.

ment violées par les fonctionnaires eux-mêmes, chargés de les faire respecter, et qui inscrivent en tête de leurs cotes officielles les cours de ces transactions prohibées.

C'est que la force des choses l'emporte sur des lois caduques, qui ont été faites à une époque où il était impossible de concevoir le mécanisme de la circulation. En outre, la Bourse n'a guère fonctionné jusqu'ici que sur des valeurs qui ne sont aucunement la représentation d'une richesse créée, par exemple les fonds d'État; ou sur des titres qui représentent des instruments, plus ou moins bien construits et maniés, de production et de circulation, dont l'appréciation est toujours difficile, sinon impossible, puisqu'aucune espèce de balance ne peut leur être appliquée.

Dans ces circonstances, et grâce aussi à une législation inintelligente, les mœurs commerciales antiques de tromperie réciproque, par le langage écrit ou parlé, reprennent le dessus. Le public qui en est victime confond dans une même réprobation les manœuvres qui sont de tous les temps, et les nouveaux perfectionnements de la circulation.

Ces procédés modernes, très remarquables, n'ont pas encore été appliqués, sinon très imparfaitement, aux produits eux-mêmes, dont les plus importants, ceux qui sont indispensables à l'existence sociale, n'étaient pas encore arrivés à un état qui permît leur circulation dans un appareil perfectionné.

Prenons, par exemple, les céréales qui font l'objet de ce travail; il est clair que la sécurité absolue d'une Société exige que non seulement il y ait *assez* de ce produit, mais qu'il y en ait TROP, de façon à pouvoir suffire à tous les besoins, à toutes les éventualités *probables et possibles*.

Pour avoir la conviction que ce TROP existe, il faut qu'il apparaisse à l'état FLOTTANT sur le marché. Alors seulement une société est tranquille de ce côté et peut s'occuper d'autres progrès. Car tant qu'il reste dans les greniers ou dans les caves, c'est comme s'il n'existait pas pour le public.

Or ce *flottant* indispensable à l'existence et à la sécurité sociales ne peut être maintenu en circulation que par les

marchés libres dits *à primes,* nous l'avons démontré ailleurs ('),
en établissant la relation économique suivante, qui préside aux
rapports de la production, de la circulation et de la consommation :

*Toute denrée, dont la production ne suffit qu'aux besoins du
moment, n'a qu'un marché au comptant.*

*Toute denrée, marchandise ou valeur, dont la production et
le stock suffisent aux besoins probables pendant un certain laps
de temps, a les deux marchés du comptant et du terme ferme.*

*Et toute matière, marchandise ou valeur, dont la production
et le stock suffisent à tous les besoins* PROBABLES ET POSSIBLES
*pendant un temps pour ainsi dire indéfini, a les trois marchés
du comptant, du terme ferme et du terme à primes.*

Ainsi, au point de vue des céréales, les sociétés ne seront
pleinement assurées de leur existence que lorsqu'on verra
apparaître un commerce régulier de primes sur le marché de
cette denrée de première nécessité.

Si les primes n'apparaissent pas encore, d'une façon régulière, sur le marché des céréales, c'est, d'une part, que cette
denrée n'y vient pas encore en quantité suffisante, et, d'autre
part, qu'elle n'est représentée que par des instruments de circulation imparfaits et grossiers qui n'ont pas la *fluidité* nécessaire pour passer dans les organes d'un mécanisme aussi perfectionné que celui de la Bourse.

Sans doute le jeu s'en mêle, et s'en mêlera toujours ; mais
il faut bien qu'il y en ait, comme il y a de la graisse entre les
organes d'une machine, qui — sans jeu — ne marcherait pas
ou se briserait. C'est ce qu'on observe parfaitement à la
Bourse où le jeu des primes empêche les gros capitalistes de

(¹) *Physiologie et mécanique sociales : Fonctions de circulation,* extraits du
Journal des Actuaires, chez l'auteur, 110, avenue de Villiers. Prix : 2ᶠʳ.

Principes de la science du Commerce, 1874. Ch. Delagrave, éditeur, 15, rue
Soufflot. Prix : 2 fr.

faire la loi au marché. Ne se rappelle-t-on pas la spéculation menée, il y a quelques années (1874), sur les farines 8 marques et qui les fit monter à une liquidation de 60^{fr} ou 70^{fr} jusqu'à 120^{fr}? S'il y avait eu un marché des primes bien tenu, jamais un pareil étranglement des vendeurs (imprudents d'ailleurs) n'aurait pu se produire. L'acheteur de ferme aurait forcément été obligé de vendre lui-même des primes, sinon d'autres l'auraient fait à sa place, et la hausse se serait trouvée forcément contenue dans les écarts de cours du ferme et des primes : c'est élémentaire pour qui connaît ce mécanisme; de même, il n'aurait pu y avoir de baisse au-dessous du niveau du ferme diminué du montant des plus basses primes vendues.

Mais la plupart parlent de ces choses-là sans les connaître, comme ceux qui prétendraient qu'on ne doit pas se servir de la vapeur, parce que c'est une force brisante, sans se douter qu'il y a des soupapes de sûreté, des valvules et des clapets pour la distribuer d'une façon utile, quoique, malgré tout, il se produise cependant des accidents. Les accidents qui sont au passif des machines ne viennent pas balancer leur actif.

On voit que les questions, que les problèmes de toute nature se pressent sous la plume, et que beaucoup attendent leur solution du temps et des progrès de la science. Il est clair que l'avenir n'est pas réservé au perfectionnement indéfini des engins de destruction, pour lesquels il semble que soient créés les plus grands établissements d'instruction publique.

C'est vers le progrès des Sciences et des Arts économiques de la production et de la circulation que doivent se diriger tous les efforts : l'industrie proprement dite, à laquelle l'État réserve toutes ses faveurs, n'a plus, pour ainsi dire, besoin d'encouragement. Son enseignement et ses écoles sont fortement constitués. Il n'en est pas de même pour le commerce et la finance, dont l'instruction spéciale laisse beaucoup à désirer.

III.

En réalité, le commerce domine l'industrie, et le langage vulgaire traduit parfaitement le fait : ce sont les commerçants qui font la *commande*. A toutes les époques, c'est entre leurs mains que le capital, cette force sociale moderne, s'est concentré. Ils ont bien un sentiment plus ou moins net de la situation qui les amènera à prendre un jour la direction des sociétés : le jour où l'on *palâbrera* moins et où l'on comptera mieux. Mais ils se sentent, avec raison, sous certains rapports, très inférieurs aux ingénieurs industriels qui ont à leur disposition toutes les sciences actuellement créées. Leurs tentatives pour former un enseignement, qui puisse rivaliser avec celui des grandes écoles d'application, sont un symptôme du désir qu'ils ont de s'élever au rang qu'ils sont destinés à atteindre. En un mot, ils voudraient constituer une science qui fût propre au Commerce et qui pût marcher de pair avec les autres.

Mais, en pareille matière, il ne suffit pas d'exprimer un désir, ou de donner un ordre : la science ne se fait pas sur commande ; elle ne se fonde pas par les mêmes procédés que ceux avec lesquels on fait fortune ; et, quand elle est faite, elle n'a pas à s'inquiéter de savoir si telle ou telle collection d'individus l'accepte ou non.

Les commerçants des grandes villes de France et de l'étranger, qui ont créé depuis une trentaine d'années des Écoles de Commerce, doivent s'apercevoir qu'il est plus facile d'en construire les édifices que d'en constituer l'enseignement.

La Chambre de Commerce de Paris, désireuse de faire mieux que ses devancières, vient d'ouvrir (3 novembre 1881) une *Ecole de hautes études commerciales*. C'est là une enseigne ambitieuse, et qu'il faut pouvoir justifier.

Il y avait lieu de se demander quel était, au moment où la création de l'École fut résolue, c'est-à-dire de 1878 à 1879, l'état des choses en matière d'enseignement commercial.

Il existait deux méthodes : l'une, moderne, toute française, datant de quelques années, à la création de laquelle nous ne sommes pas étranger, est basée sur le principe fécond de la division du travail et de la séparation des fonctions ; elle considère la pratique comme devant être l'application d'une science préalable. Elle est représentée à l'*Ecole supérieure de Commerce de Marseille*.

L'autre, ancienne, étrangère, qui paraît avoir pris naissance à Anvers et s'est propagée en Allemagne, entre de plain-pied dans les complications de la pratique, par ce qu'on appelle « un cours de Bureau commercial » et aboutit à la confusion de toutes les matières théoriques et pratiques.

Les deux citations suivantes feront comprendre la différence des deux méthodes ([1]).

1° *Méthode française, ou moderne :*

« Une des qualités fondamentales du commerçant, c'est de savoir introduire dans ses magasins ou dans ses bureaux un ordre aussi parfait que possible ; il n'est pas moins nécessaire que son instruction et ses idées soient classées et ordonnées avec le même soin. Rien d'inutile ne doit encombrer son établissement ou son esprit ; et chaque chose doit être bien à sa place dans l'un et dans l'autre.

» Si nous observons comment est organisée une maison de commerce d'une certaine importance, nous y voyons trois groupes d'employés plus ou moins distincts, suivant que la division du travail y est plus ou moins parfaite.

» Les uns sont préposés aux achats et aux ventes ;

» Les autres sont préposés aux recettes et payements ;

» Les troisièmes sont attachés à l'enregistrement plus ou moins méthodique des opérations faites par les deux premiers groupes.

» Si nous consultons le commerçant sur l'importance relative qu'il attribue à ces trois sortes de fonctions, dont il s'efforce

---

([1]) Extrait de *Quelques mots sur l'enseignement commercial en France;* par H. Lefèvre, Paris, décembre 1878.

d'ailleurs de maintenir les individus aussi séparés que possible les uns des autres, nous verrons qu'il les classera précisément dans l'ordre où nous les avons mises. Il se réserve presque toujours pour lui-même les achats et les ventes, au moins en gros ; il considère et il paye un bon acheteur et un bon vendeur mieux qu'un caissier, et celui-ci plus qu'un comptable.

» Chacun de ces trois groupes d'employés a, par conséquent, besoin de développer des aptitudes spéciales auxquelles correspond un art particulier, qui a lui-même pour base une certaine science ou un ensemble de connaissances.

» L'art du commerce en général comprend donc trois branches principales, dont chacune constitue une profession spéciale :

» 1° L'art d'acheter et de vendre, ou le Commerce proprement dit ;

» 2° L'art de payer et de recevoir, ou la Banque ;

» 3° L'art d'enregistrer les opérations, ou la Comptabilité.

» Cette première division, qu'il suffit d'énoncer pour que chacun reconnaisse l'état naturel des choses, doit ou devrait se retrouver dans l'enseignement commercial. »

Il est évident que, dans une école de commerce, on ne peut pas enseigner tous les genres de commerces, pas plus que dans une école industrielle on ne peut enseigner toutes les industries. Il faut, dans l'une et l'autre, partir de principes généraux qui constituent précisément la science, pour faire l'application de ces principes à quelques exemples pratiques aussi bien choisis que possible.

La science a pour objet d'abréger l'apprentissage qu'elle ne saurait avoir la prétention de supprimer, et en matière commerciale moins qu'ailleurs (¹).

(¹) Il importe beaucoup de ne pas confondre la science avec la pratique, comme les purs savants, les mathématiciens par exemple, sont très portés à le faire. On a dit avec raison que l'esprit mathématique est le contraire de l'esprit commercial. Le premier procède avec la raideur d'une formule qui ne s'applique en général qu'à des cas très simples ; le second a besoin de beaucoup de souplesse vis-à-vis de combinaisons en général fort compliquées.

2º *Méthode étrangère ou ancienne.* — Cette méthode a eu la prétention, au contraire, de former directement des praticiens, avant d'avoir trouvé une science propre du commerce pour en faire la base de l'enseignement.

Elle paraît avoir été appliquée d'abord à Anvers, dont l'Institut supérieur de commerce a servi de modèle aux établissements similaires fondés en Allemagne depuis 1856, à Mulhouse en 1866, et en France après 1871.

Voici comment nous nous exprimions à cet égard dans la brochure précitée (¹) :

« Nous ignorons si l'établissement d'Anvers, créé en 1853 et assez célèbre dans sa spécialité, recrute en lui-même le personnel de ses professeurs. Nous avons voulu savoir s'il en était sorti quelque ouvrage sur le commerce ou sur la pédagogie commerciale : nous nous sommes adressé à ce sujet à son honorable directeur, M. Grandgaignage, qui nous a répondu par la négative. Nous ne pouvons donc juger de son enseignement que par ses programmes, que nous avons sous les yeux.

» Le principal attrait de l'Institut d'Anvers, celui qui paraît avoir séduit tout d'abord les fondateurs de l'École de Mulhouse, et, à leur suite, ceux des nouvelles Écoles supérieures de commerce de France, c'est le *Bureau commercial.* Il y a un cours de *Bureau commercial;* il y a des professeurs de *Bureau commercial.* Que cette association de mots soit acceptée sur les rives de l'Escaut, nous pourrions peut-être ne pas nous en étonner, mais nous avons lieu d'être surpris qu'on tente de l'acclimater en France, où l'on aime les idées nettes et les dénominations topiques.

» Les écoles pratiques de commerce ne se trouvent pas dans les mêmes conditions d'enseignement que les autres écoles professionnelles; dans les écoles de dessin et de musique, on fait de vrais dessins et de vraie musique ; dans les écoles d'ingénieurs on voit de vrais ponts, on descend dans de vraies

---

(¹) *Loc. cit.,* pages 26 et 27.

mines, on fait fonctionner de vraies machines; dans les écoles de médecine, on dissèque de vrais cadavres, on soigne ou on voit soigner de vrais malades, on fait ou on voit faire de vraies amputations, etc.

» Mais, dans les Écoles supérieures de commerce, nous ne pensons pas qu'on ait jamais l'idée de donner à manier aux élèves de vrais capitaux, de vraies marchandises ou de vraies valeurs. Ce *Bureau commercial* n'est donc qu'un simulacre de bureau, où ni le professeur ni les élèves ne peuvent faire de vraies affaires.

» Tous les maîtres d'arts spéciaux pratiquent leur art en même temps qu'ils l'enseignent. Est-ce que les professeurs de *Bureau commercial* pratiquent ou ont pratiqué le commerce? Ces professeurs sont des hommes assurément très honorables, mais qui enseignent théoriquement la pratique d'une chose qu'ils ne font pas et qu'ils n'ont peut-être jamais faite, ni jamais vu faire.

» Et ne serait-ce pas précisément à cela qu'il faudrait attribuer, d'après M. Simonin, la source de cette opinion d'une partie des négociants d'Anvers, qui persiste à penser que leur École est à peu près inutile pour l'enseignement pratique?

» Nous ne partageons pas complètement cette opinion, nous croyons que l'École d'Anvers, comme celles qui l'ont prise pour modèle, a un certain degré d'utilité; mais la confusion qui résulte de leurs programmes, entre la théorie et la pratique, est telle qu'aucune idée nette de l'une et de l'autre ne saurait résulter de leur enseignement. Le programme assez détaillé du bureau commercial de l'École supérieure de Rouen, la première qui paraît avoir été fondée en France, d'après le type belge, est un exemple remarquable de l'absence complète d'un classement quelconque; l'ordre des matières révèle le plus parfait désordre des idées. »

Depuis bientôt trente ans qu'il est fondé, l'Institut d'Anvers et les établissements qui l'ont pris pour modèle sont restés absolument stériles : il n'en est pas sorti un livre, ni un théorème commercial ou économique qui ait fait faire à la science un progrès quelconque. C'est ce dont il est d'ailleurs facile de s'assurer en parcourant la compilation de M. Mertens, professeur à l'athénée royal de Bruxelles (¹).

A notre époque, les conceptions confuses ne font pas longtemps illusion. Celle de l'Institut d'Anvers, prônée par la réclame, eut d'abord un certain éclat; les imitateurs ne manquèrent pas; dès 1856, se fondait l'École de Prague (*Höheren Handelslehranstalt*); l'année d'après voyait naître la *Wiener Handels Akademie*, qui *calquait* son plan d'instruction sur celui de l'établissement belge; d'autres écoles d'Allemagne l'imitaient aussi plus ou moins. Le public accueillait tout d'abord ces créations avec faveur; nous allons voir jusqu'à quel point il est revenu de sa première impression.

En 1879, au congrès de Géographie commerciale tenu à Bruxelles, la Société de Géographie de Lisbonne lisait un Rapport sur un *plan d'études commerciales*, et célébrait encore celui de l'école belge (²).

Nous voyons dans ce document (page 21) que, depuis sa fondation jusqu'en 1877, c'est-à-dire pendant une période de vingt-quatre ans, les classes de l'Institut d'Anvers ont été suivies par

		Moyenne d'entrée annuelle.
Élèves étrangers	953	40
— belges	1181	49
	2134	89

Les cours durant trois ans, en y comprenant une année pré-

(¹) *Traité théorique et pratique des Sciences commerciales et financières*, par M. Mertens, professeur de Sciences commerciales à l'athénée royal de Bruxelles. 2 gros volumes grand in-8°.

(²) Bases d'un plan d'études commerciales présentées au congrès international de Géographie commerciale (2ᵉ session, Bruxelles, 1879) par la Société de Géographie de Lisbonne. Lisbonne, au siège de la Société, 89, rue d'Almeria, 1879.

Ce plan est tout simplement une Table, par ordre alphabétique, des matières qu'il serait bon d'enseigner à un commerçant.

paratoire, on peut admettre que le séjour moyen des élèves à l'école est au moins de deux ans, ce qui donne, pour la moyenne de présence, le double du chiffre ci-dessus, soit 178 élèves. Il en résulte par conséquent qu'à une certaine époque l'Institut d'Anvers a dû avoir au moins 200 élèves.

En 1874, M. Manès, chargé par la Chambre de commerce de Bordeaux de faire un Rapport sur la situation des écoles de commerce, constate qu'il n'y a plus à Anvers que 140 élèves, dont 87 suivent le *bureau commercial* ([1]).

En 1878, MM. Focillon, Siegfried et Michau, chargés également par la Chambre de commerce de Paris de faire une enquête sur l'enseignement commercial, constatent que le *bureau commercial* d'Anvers n'a plus que 70 élèves, soit 17 de moins que quatre années auparavant ([2]).

L'Institut d'Anvers est donc évidemment en décadence, et M. L. Simonin avait raison de le faire pressentir en 1872 ([3]).

L'École de Prague (*Höheren Handelslehranstalt*), fondée en 1856, devenue depuis *Handels-Akademie*), est-elle en meilleure situation?

En 1872-1873, elle avait............. 369 élèves ([4])
En 1877-1878, elle n'en a plus que.... 187 — ([5])
Diminution.......... 182 élèves.
Près de 50 pour 100.

A l'assemblée générale, du 23 février 1873, des actionnaires et fondateurs de la *Wiener Handels-Akademie*, fondée en 1857,

---

([1]) Rapport du directeur de l'École supérieure de Bordeaux présenté à la Commission d'organisation dans la séance du 17 juin 1874, p. 5, 27 et 28.

([2]) Rapport de MM. Focillon, Siegfried et Michau à la Chambre de commerce. *Avis de la Chambre de commerce*, 1879-80, p. 28.

([3]) *Revue des Deux-Mondes*, les Écoles de commerce en France et à l'étranger, avril 1872.

([4]) *Die Prager Handels-Akademie von ihrer Gründung bis zur Gegenwart*, 1856-1873. Prag, Heintz, Mercy, 1873, p. 72.

([5]) *Jahresbericht über den Zustand der Prager Handels-Akademie*, 1877-78, p. 31. Prag, Druck der *Bohemia Actiengesellschaft*, 1878.

autre copie de l'école d'Anvers en 1873, on accusait la présence :

En 1873, de...................... 831 élèves (¹)

En 1878-1879, il n'y avait plus que... 485   »   (²)

Diminution.............. 346 élèves.

Voici ce qui résulte également des deux Rapports précités de M. Manès et de MM. Focillon, Siegfried, Michau, au sujet des écoles françaises qui ont imité Anvers, en prenant les chiffres des élèves qui suivent le *bureau commercial* :

	1874. Rapport Manès (³).	1878. Rapport Focillon-Siegfred (⁴).	Diminution.
Le Havre............	50	45	5
Rouen..............	28	25	3
Lille................	8	2	6
Lyon...............	102	90	12
Paris..............	107	100	7

Ainsi les écoles françaises, constituées à l'imitation d'Anvers, ne sont pas en progrès.

Une seule fait exception, celle de Marseille qui, d'après les mêmes Rapports, avait

En 1874... 43 élèves.   En 1878... 74 élèves (⁵).

Augmentation......... 31 élèves.

(¹) *Protokoll der am 22. Februar 1873 abgehaltenen fünfzehnten ordentlichen General-Versammlung des Vereines der Wiener Handels-Akademie*, p. 186.

(²) *Siebenter Jahresbericht des Vereines der Wiener Handels-Akademie*, page 48. Wien, 1879, L. C. Zamarski, K. K. Hof-Buchdruckerei, etc.

Les Académies de Prague et de Vienne sont des établissements affectés à l'enseignement du commerce. Quant aux autres écoles allemandes, dites *Handelsschule*, ce sont des écoles primaires supérieures comme celles que nous avons en France, mais dont les cours sont faits à un point de vue plus pratique que chez nous.

Leurs livres scolaires sont réellement supérieurs aux nôtres; ce qui tient évidemment à la concurrence qui a régné entre les divers établissements et les divers États. En France, l'absorption et la concentration universitaires nous ont été certainement funestes. Il n'y a guère de progrès possibles avec la réglementation qui en est la conséquence.

(³) *Loco citato,* page 27.

(⁴) *Loco citato,* page 28.

(⁵) En 1881, l'École supérieure de Marseille compte 125 élèves, dont 85 sui-

Mais à Marseille on n'a pas *calqué* l'étranger ; Marseille représente la *méthode française* d'enseignement commercial.

Quelque sérieuses que soient les réflexions suggérées par les indications précédentes, nous ne nous permettrions pas cependant d'en tirer l'horoscope des nouveaux établissements d'instruction commerciale qui se créeraient à l'imitation de l'École d'Anvers et de ses dérivées.

Ce n'est pas toutefois sans un certain étonnement qu'on lisait, il y a quelques semaines, dans les journaux la Note suivante, de source évidemment officieuse :

« *A la suite de longues études* (¹), la Chambre de commerce de Paris a enfin réussi à fonder une *École de* HAUTES *études commerciales* dont le plan est CALQUÉ sur celui de plusieurs établissements similaires existant à l'étranger, et notamment en Allemagne. »

Et, en effet, quand on lit les programmes de cette nouvelle École, dont le titre est bien lourd à porter, on ne tarde pas à y reconnaître la même confusion d'idées, la même absence de méthode scientifique qui avaient déjà été signalées dans l'Institut d'Anvers et dans les écoles allemandes ; avec cette aggravation que tout y est encore moins bien pondéré, tant

---

vent les cours spéciaux. Le mouvement de progression ne s'est donc pas interrompu.

(¹) Nous ne connaissons, en fait d'études sur la question, que le Rapport de MM. Focillon, Siegfried et Michau dont nous avons parlé un peu plus haut. Ce Rapport, très net et très explicite au sujet des plans et aménagements de l'école, dont la construction avait été mise au concours, est au contraire extrêmement réservé sur les questions d'enseignement, pour lesquelles on n'a pas cru devoir faire appel aux lumières du public. Les honorables rapporteurs se bornent à présenter le tableau des différents cours qui sont faits dans les autres écoles françaises et à l'Institut d'Anvers, sans appréciation ni conseils d'aucune sorte. Ils déclarent manquer de documents sur les écoles allemandes.

On ne saurait donc leur imputer d'avoir préconisé ces dernières, ni d'avoir recommandé un plan quelconque d'enseignement. La responsabilité de cette partie de leur tâche paraît les effrayer, et ils la déclinent autant qu'ils peuvent. Notre brochure sur l'Enseignement commercial, dans laquelle ils auraient pu puiser quelques indications, paraissait au moment même où ils déposaient leur Rapport, et ils ne pouvaient en avoir connaissance.

dans le personnel que dans les diverses branches de l'enseignement. C'est ainsi qu'on y trouve neuf professeurs de Droit — toute une faculté — tandis qu'il n'y a qu'un professeur de *Comptabilité*, représentant à lui seul toute la spécialité de l'établissement, et dont le programme, comme celui de ses modèles belges ou allemands, forme un amas indescriptible de notions diverses, en plusieurs petits tas disséminés dans des simulacres de *Bureaux* et de *Comptoirs*, dont la tenue des livres sera, pendant deux ans, le principal objet.

Il est évident que les honorables membres des Chambres de commerce, et surtout de celle de Paris, sont beaucoup trop occupés, et des intérêts publics dont ils ont charge, et de leurs affaires personnelles, si importantes et si nombreuses, pour avoir le temps de se livrer à des études spéciales, difficiles et longues, sur des questions de science ou de pédagogie. Chacun d'eux est parfaitement au courant de ce qui se passe dans sa partie; il sait ce qui s'y fait de mieux, mais il n'a aucunement la prétention d'être aussi bien informé en toute autre matière. Ils ont été certainement mal renseignés sur l'état de l'enseignement commercial à l'étranger ([1]). Il semble qu'on ne les ait pas tenus au courant des progrès qu'avait faits, en France même, la science du commerce.

([1]) C'est ce qui résulte clairement aussi du discours prononcé par M. Gustave Roy à la séance d'inauguration de l'École des hautes études commerciales. L'honorable président de la Chambre de commerce a dit ceci : « Il nous a paru nécessaire de former des jeunes gens habiles dans cet art de payer et de recevoir, dans cette *Science connue spécialement des banquiers de l'école de Francfort et de Genève.* » M. G. Roy se trompe; les banquiers de Genève et de Francfort sont sans doute des cambistes très habiles, mais, comme l'a dit M. Léon Say, ce sont des artistes incapables d'expliquer clairement ce qui se passe en eux quand ils combinent leurs opérations. Quant à la *Science du Change,* celle qui donne les explications et les moyens d'enseigner l'art correspondant, elle *est née en France ;* et M. Léon Say, qui s'y connaît, la considère comme une découverte jusqu'à un certain point comparable à celle de la Géométrie descriptive par Monge (Rapport de M. Léon Say sur un Ouvrage de M. H. Lefèvre, intitulé : « L'art de payer et de recevoir. — Le change et la Banque. — Séance de l'Académie des Sciences morales et politiques du 22 janvier 1881).

Toutefois, on ne saurait méconnaître qu'ils ont traité un peu légèrement l'organisation de cette grave affaire.

Ainsi, on a mis au concours les plans et devis de la construction de l'École; c'était évidemment la partie la plus facile de l'œuvre. Les architectes et entrepreneurs n'ont pas fait défaut; on a un bâtiment parfaitement correct et bien aménagé.

Mais on n'a mis au concours ni les plans, ni les programmes, ni les méthodes d'enseignement, ni les chaires des professeurs, ce qui avait cependant une bien autre importance. La partie matérielle de l'établissement a coûté près de deux millions. Combien a-t-on dépensé pour organiser l'instruction qu'on doit y donner? Rien du tout, puisqu'on a *calqué* de vieux modèles étrangers, condamnés par l'expérience. Messieurs les commerçants devraient savoir mieux que d'autres que ce qui ne coûte rien ne vaut pas cher non plus.

Par une autre inconséquence non moins singulière, les conditions d'admission à cette École de *hautes études commerciales* ne comportent aucune connaissance préalable des matières spéciales au commerce, de sorte qu'il faudra faire d'abord, à ce point de vue, l'instruction *primaire* des élèves; c'est à peu près comme si, à l'École Polytechnique, on devait commencer par apprendre la numération.

Dans de telles conditions, il est bien évident que les *hautes études commerciales* ne sont qu'une étiquette, un procédé de réclame, dont la convenance est plus ou moins discutable. Il est certain dès lors que l'École n'est pas au niveau des progrès de la science, et, ce qu'il y a de plus grave, c'est qu'elle n'est pas *autorisée* à s'y mettre. Elle est dans la situation d'une usine qui se monterait de nos jours avec un vieil outillage, et qui ne pourrait plus le changer; on n'y enseignera ni *l'Art d'acheter et de vendre,* ni *l'Art de payer et de recevoir,* ni *l'Art d'enregistrer les opérations,* parce que ni ce plan d'enseignement, ni les titres de ces cours, ni les méthodes, les règles, les principes et la science qui en forment la base, n'appartiennent à l'École des hautes études commerciales, et que ni elle ni d'autres n'ont le droit de se les approprier (¹).

C'est en vain qu'on prendra pour professeurs les hommes les plus éminents de Paris; est-ce qu'ils n'existaient pas pour l'École supérieure du Commerce de la rue Amelot, dont l'impuissance n'est que trop constatée? En quoi les programmes et les méthodes du nouvel établissement diffèrent-ils donc de ceux du précédent? Est-ce que Vienne, Prague, Anvers n'ont pas aussi pour professeurs des hommes très remarquables? Cependant toutes ces écoles sont en décadence, parce qu'on ne constitue pas plus un enseignement spécial sans un plan et une science propres, qu'on ne fait un orchestre sans partition (²).

L'enseignement commercial *primaire* n'est pas même organisé d'une façon satisfaisante (³). L'enseignement dit *supérieur* est extrêmement surfait; à plus forte raison le *haut* enseignement est-il singulièrement prématuré; ce qu'il a d'élevé, c'est le prix : 1300ᶠʳ par an pour les externes; 2800ᶠʳ pour les internes, correspondent à une dépense annuelle d'au moins 3000ᶠʳ pour les premiers et 4000ᶠʳ pour les seconds. Ceux qui peuvent payer de pareilles pensions et consacrer deux ans à des études d'un résultat douteux appartiennent à des fa-

---

(¹) Depuis qu'on s'est aperçu qu'on avait fait fausse route, en CALQUANT pour Paris de vieux modèles dont l'étranger lui-même ne veut plus, on prend pour tactique d'attribuer désormais à l'étranger des créations faites en France. C'est contre cette tendance, suffisamment accusée par différents symptômes, et dont le but est facile à comprendre, que le ou les auteurs français ont dû se mettre en état de légitime défense.

(²) De même qu'en art dramatique, qui a plus d'un rapport avec l'enseignement, il faut distinguer la pièce d'avec les exécutants. Les meilleurs interprètes du monde ne font pas vivre une mauvaise pièce. Il ne fallait pas emprunter encore une fois à l'Allemagne ou à la Belgique une partition d'enseignement commercial qui n'a déjà plus qu'un médiocre succès dans son pays d'origine, et qui n'en a jamais eu chez nous.

(³) L'école commerciale de l'avenue Trudaine, fondée également par la Chambre de commerce, est simplement une assez bonne école d'enseignement primaire supérieur, à la portée de toutes les bourses, et qui, à ce titre, a un légitime succès. Mais elle n'est pas plus commerciale que les établissements municipaux similaires et qui regorgent aussi d'élèves.

milles qui, à tort ou à raison, rêvent pour leurs enfants d'autres gloires que celles du négoce. Il est peu probable que le haut commerce lui-même y envoie les siens ; il aimera mieux lui octroyer des bourses. On compte en effet sur des boursiers pour remplir les vastes amphithéâtres de l'établissement. On en a obtenu une dizaine de la ville de Paris ; on en sollicite de l'État et, sans doute, d'un certain nombre de départements.

Les questions d'enseignement commercial sont encore fort peu connues, et peut-être conviendrait-il aux administrations publiques, qui gèrent l'argent des contribuables, d'attendre que l'expérience ait prononcé sur la valeur et l'utilité de créations nouvelles.

Ainsi l'École supérieure de commerce de Paris est dotée, elle aussi, de plusieurs bourses ; mais il est évident qu'on aurait dû les lui supprimer immédiatement après la publication, en 1875, d'un ouvrage émanant d'un de ses principaux professeurs ; car ce n'est pas un service à rendre à des jeunes gens que de les mettre, même gratuitement, sous la direction d'hommes qui font naïvement la preuve publique d'une ignorance absolue des matières de leur enseignement. Et si les professeurs sont tels que nous l'ont révélé de récentes publications, que doivent être les élèves auxquels M. le Ministre du Commerce délivre tous les ans des diplômes de capacité ? Qui ne voit que le Gouvernement se compromet ainsi dans des affaires qui ne sont aucunement de sa compétence, et qu'il ne sert que d'instrument de réclame en faveur d'établissements privés dont le pays n'a point à s'enorgueillir ?

L'exemple n'est pas encourageant, et doit rendre circonspect vis-à-vis d'une nouvelle École dont ni les programmes, ni les méthodes, ni les professeurs n'ont subi le contrôle des concours publics (¹).

(¹) Il s'agit, bien entendu, de ce qui concerne l'enseignement spécial et de ce qui fait la raison d'être du nouvel établissement. Car il y a, dans le personnel, des hommes très éminents et dont la compétence en d'autres matières ne saurait être mise en doute.

N'est-il pas étrange, par exemple, que, dans une École d'enseignement professionnel, aucun professeur n'exerce, n'ait exercé, ni, peut-être, vu exercer la profession qu'il est chargé d'enseigner ; que, dans une École de *hautes études* commerciales, on ne rencontre dans tout le personnel, si brillant qu'il soit dans son ensemble, aucun homme qui ait fait faire à la science du commerce un progrès quelconque ? Mais il saute aux yeux qu'un pareil enseignement n'est ni pratique ni théorique, et il faut s'étonner que ses fondateurs n'aient pas vu cela du premier coup ; car le public, qui ne se paye pas de mots et qui veut de plus en plus des réalités solides, n'a pas tardé à s'en apercevoir.

C'est donc une affaire mal étudiée, et nous croyons savoir que la Chambre de commerce en est, dès à présent, convaincue ; quelque sévères que soient nos critiques, elle n'ignore pas quels sentiments les inspirent : nous sommes aussi soucieux qu'elle de l'avenir de l'enseignement commercial, et nous l'avons prouvé ; c'est pourquoi nous n'admettons pas que, sans tenir compte des travaux qui ont été faits en France, et qui ont constitué une science du commerce que les Allemands n'ont pas su créer, on vienne importer chez nous, sous un titre prétentieux, un nouveau pastiche des établissements qu'ils désertent.

Il y avait à faire autre chose qu'à fonder des écoles aristocratiques auxquelles il faut infuser des bourses pour leur donner un semblant de vitalité : on réclame de tous côtés l'enseignement professionnel ; or le seul qui n'exige aucun matériel spécial et qui soit nécessaire au plus grand nombre, c'est justement l'enseignement commercial, comprenant :

1° L'art d'enregistrer les opérations, ou la Comptabilité ;

2° L'art de payer et de recevoir, ou la Banque ;

3° L'art d'acheter et de vendre, ou le Commerce proprement dit.

Les principes fondamentaux qui servent de base à ces trois divisions de l'art du commerce sont extrêmement simples, comme tout ce qui est vraiment pratique. Ils permettent désormais de faire, en quelques semaines (¹), un véritable enseignement professionnel commercial dont nous donnons ci-dessous l'exposé des motifs, le programme et le fonctionnement.

ÉCOLES PRATIQUES

DU COMMERCE, DE LA BANQUE ET DE LA FINANCE.

Objet, nécessité et constitution des Écoles professionnelles commerciales.

L'enseignement général et l'enseignement professionnel. — L'État, le Département et la Commune ne peuvent et ne doivent donner que l'instruction géné-. rale à divers degrés.

En raison de l'immense diversité des carrières, des industries et des métiers, l'enseignement professionnel spécial ne saurait être dans les attributions de l'Instruction publique, qui ne peut avoir en vue que des intérêts généraux.

Si l'instruction primaire, au nom de l'intérêt général, doit être obligatoire et par conséquent gratuite, l'enseignement professionnel, qui est d'intérêt privé, ne saurait être, en aucun cas, gratuit. Ne pouvant être donné gratuitement à tous, il serait souverainement injuste de le donner à quelques-uns seulement ; mais on peut, dans certains cas et dans certaines conditions, en faciliter l'accès aux jeunes gens sans fortune.

Répartition de la population scolaire. — Il résulte du beau rapport de M. O. Gréard sur la situation de l'instruction publique de la ville de Paris que 40 à 50 pour 100 au moins des élèves qui sortent des écoles se destinent aux emplois du Commerce, de la Banque et de la Finance.

État de l'enseignement professionnel, commercial ou financier. — Les employés les plus appréciés, et avec raison, du Commerce, de la Banque et de l'Administration sortent des écoles primaires supérieures ou ordinaires. Cependant l'enseignement spécial qu'ils ont reçu dans ces établissements est fort peu de chose ; il suffit de parcourir les livres classiques qu'on met entre les mains des élèves pour reconnaître combien il est défectueux à tous les points de vue.

Celui des écoles appelées *supérieures* de Commerce laisse beaucoup à dési-

---

(¹) Il y a la même différence entre les procédés empiriques d'enseignement commercial et des méthodes rationnelles qu'entre les moyens de communication du siècle dernier et ceux d'aujourd'hui. Personne n'aurait cru, il y a soixante ans seulement, qu'on irait en vingt-quatre heures de Calais à Marseille.

rer ([1]); d'ailleurs il est très cher et dure trop longtemps. Il est inaccessible aux jeunes gens qui sont pressés de gagner leur vie. Les cours du soir, où l'on enseigne, en général assez mal, un peu de comptabilité, n'ont qu'une faible utilité pratique. Celui que donnent des professeurs privés, qui sont en général des simples teneurs de livres, est plus que médiocre.

Un enseignement sérieux du commerce ne pouvait se constituer qu'avec des idées très nettes sur le Change, la Bourse et la Comptabilité. Ces idées ont fait défaut à nos devanciers, ce qui explique leur insuccès relatif.

Caractère, durée et plan général de l'enseignement professionnel commercial. — Cet enseignement, qui est le prolongement de l'instruction primaire, ne fait aucunement double emploi avec celle-ci ; il doit être aussi court et aussi nourri que possible, les jeunes gens auxquels il est destiné n'ayant, en général, pas de temps à perdre ; l'attention de l'élève ne doit pas s'éparpiller sur un grand nombre de sujets, car un métier ne s'apprend que par une certaine continuité d'efforts répétés sur le même exercice avant de passer à un autre. Et en réalité aucune application technique ne comporte de difficultés sérieuses, lorsque celui qui l'enseigne la comprend bien lui-même. En outre, il y a certains détails, encore plus spéciaux, qu'on ne peut apprendre que dans la pratique même de la branche de commerce où l'on doit entrer et qui ne sauraient être utilement enseignés dans une école quelconque.

En conséquence, l'enseignement professionnel commercial doit porter exclusivement sur trois sujets principaux qui sont indispensables à tous les commerces et à toutes les professions, savoir :

1° L'art d'enregistrer les opérations, ou la Comptabilité ;

2° L'art de payer et de recevoir, ou la Banque et le Change ;

3° L'art d'acheter et de vendre, ou le Commerce, la Bourse et la Finance.

Il comprendra, en outre, le perfectionnement de l'écriture en tous genres, l'art de la confection des tableaux administratifs, les exercices de calcul rapide et mental appliqué à toutes les opérations commerciales et financières, l'art de la correspondance, de la rédaction et de l'exposé des affaires, etc.

La durée de l'enseignement est de TROIS MOIS, qui SONT NÉCESSAIRES ET SUFFISANTS.

La distribution du travail quotidien est la suivante :

A 8ʰ30ᵐ. — Arrivée à l'école. — Remise des devoirs, préparation, etc.

9ʰ à 10ʰ30ᵐ. — Leçons orales ([2]) :
- 1ᵉʳ mois. Comptabilité et Droit commercial.
- 2ᵉ » Change, Banque, Jurisprudence commerciale.
- 3ᵉ » Bourse, Finance, Jurisprudence financière.

([1]) Nous devons faire une exception pour l'école de Marseille, qui est dans une bonne voie.

([2]) Ces leçons orales sont conçues de telle sorte que les points principaux de l'économie politique y sont abordés et traités à propos de chaque question pratique.

10ʰ30ᵐ à midi. — Rédaction sommaire de la leçon précédente, interrogations.

12ʰ à 1ʰ. — Déjeûner (non fourni par l'école).

1ʰ à 2ʰ. — Réforme de l'écriture. — Calligraphie en tous genres. — Tableaux administratifs.

2ʰ à 3ʰ. — Exercices de calculs pratiques sur toutes opérations.

3ʰ à 5ʰ. — Exercices pratiques combinés.
- 1ᵉʳ mois. Tenue des Livres et Comptabilité.
- 2ᵉ — Change, Banque et Comptabilité.
- 3ᵉ — Bourse, Finance et Comptabilité.

En outre les élèves devront faire chaque jour, en dehors de l'école, comme exercice de correspondance et de style, et sous forme de lettre, un résumé succinct de tout ce qu'ils auront appris ou exécuté dans la journée, en indiquant les points principaux des leçons et exercices du jour, ce qui permettra d'apprécier comment ils les ont compris et de compléter les explications qui auraient pu être insuffisantes.

A la fin du cours, les élèves subiront un examen à la suite duquel il leur sera délivré, s'il y a lieu, un certificat d'aptitude.

Installation et régime des écoles pratiques. — Chaque école est installée pour *soixante* élèves au plus.

Elle s'établit, selon les besoins de la localité ou du quartier, dans un appartement ordinaire composé d'un grand salon, et de trois autres pièces au moins, pouvant contenir les tables ou pupitres nécessaires à 20 élèves par pièce.

Des leçons orales sont communes à tous les élèves de la même série. Après la leçon orale, les élèves sont partagés en groupes de 20 élèves au plus qui se rendent chacun dans la pièce qui leur est affectée et où, sous la surveillance et la direction d'un professeur adjoint pour chaque groupe, ils font les exercices pratiques qui leur sont prescrits.

Composition du personnel. — Le personnel enseignant se compose pour chaque école :

1° D'un professeur de Banque, Commerce, Finance et Comptabilité ;

2° D'un professeur de Droit et Jurisprudence commerciale ;

3° De trois professeurs-adjoints, surveillants, dirigeant les exercices pratiques ;

4° De trois professeurs d'écriture.

Le personnel administratif se compose de :

Un directeur-surveillant pouvant au besoin être professeur ;

Un employé-comptable.

Un garçon de salle.

Organisation de l'enseignement. — L'enseignement comprend 75 leçons orales sur la Comptabilité, la Banque, le Commerce, la Finance et la Bourse, le Droit et la Jurisprudence commerciale.

Toutes ces leçons sont rédigées à l'avance par l'auteur du présent projet, et autographiées de telle sorte que si un professeur venait à manquer, il pourrait être immédiatement remplacé par un autre qui n'aurait besoin que d'une très courte préparation pour s'assimiler le cours et le transmettre.

Les professeurs ne pourront sortir du cadre qui leur est tracé.

Les exercices d'écriture, de calcul, de comptabilité sont de même déterminés à l'avance, jour par jour, heure par heure, et autographiés de telle sorte que l'outillage de l'école soit complet et permette d'en installer d'autres dans un délai très court, selon les demandes ou les besoins. De cette façon, les perfectionnements qu'indiquera l'expérience pourront s'ajouter aux progrès antérieurement réalisés.

Tout professeur d'enseignement primaire ordinaire pourra suffire à la tâche : les explications se faisant toutes au moyen de l'arithmétique commune, dirigée, comme les exercices, dans un esprit essentiellement pratique, et, d'ailleurs, comme nous l'avons dit, complètement tracées à l'avance.

Du nombre des écoles à fonder. — Il y aura lieu de créer à Paris au moins six écoles permanentes fonctionnant d'une manière continue, c'est-à-dire donnant par chaque trimestre tout l'ensemble de la préparation professionnelle à un maximum de 60 élèves par école.

On peut estimer qu'il y aura lieu de créer au moins 10 écoles du même genre et dans les mêmes conditions dans les principales villes de France.

Mais il ne sera constitué d'abord qu'une seule école, qui servira de type à toutes les autres et permettra de former successivement les professeurs nécessaires aux suivantes.

Aucune école nouvelle ne sera créée qu'autant qu'elle sera demandée par les personnes influentes de la localité ou du quartier où elle devra s'établir, et assurée d'un minimum d'élèves.

Du prix de l'enseignement et des conditions d'admission. — Le prix *normal* sera de 300^{fr}, soit 100^{fr} par mois, payables d'avance.

Les jeunes gens sans fortune, munis de bons certificats d'études et de répondants honorables, seront admis aux cours et exercices de l'école moyennant l'engagement écrit de leurs parents, répondants, et d'eux-mêmes, de payer le prix de l'enseignement lorsqu'ils seront employés, au moyen d'une retenue mensuelle sur leurs appointements jusqu'à complète libération, y compris les intérêts de retard à raison de 5 pour 100 l'an.

Les élèves ne seront admis que sur la présentation d'un bon certificat d'études primaires ou de titres de l'enseignement secondaire.

Les jeunes gens qui sortent des écoles normales primaires et qui se destinent au professorat pourront être admis gratuitement à suivre les cours pendant trois mois, comme moniteurs, à la condition de rester pendant six autres mois à la disposition de l'école comme professeurs-adjoints-surveillants, avec appointements.

Le nombre de ces places sera déterminé par la direction des écoles.

En cas où ces professeurs, après avoir passé gratuitement trois mois à l'école, se placeraient ailleurs, ils auraient à payer le prix de leur enseignement par une retenue mensuelle, comme il est dit plus haut.

Continuité de l'œuvre. — Les recettes couvriront largement les dépenses et permettront une rémunération suffisante aux collaborateurs et fondateurs de l'œuvre qui, disposant de tous les matériaux d'un enseignement complet, ne sera pas suspendue ni interrompue par le décès ou la retraite d'un quelconque des collaborateurs.

Ces écoles seront installées aussitôt que nous aurons réuni les concours nécessaires. Les principes qui forment la base de l'enseignement ont reçu la consécration pedagogique; on lit en effet dans les programmes de l'École Supérieure de commerce de Marseille (1881) : *Les questions de change et les opérations de Bourse sont enseignées avec autorisation spéciale de l'auteur, d'après les nouvelles méthodes si remarquable de M. H. Lefèvre, etc., etc.*

H. Lefèvre.
110, avenue de Villiers, Paris.

(Extrait du *Journal des Actuaires français*, t. IX.)

TABLE DES MATIÈRES.

FIN DE LA TABLE DES MATIÈRES.

7788   Paris. — Imprimerie de Gauthier-Villars, quai des Augustins, 55.

LIBRAIRIE DES HALLES ET MARCHÉS,

Rue de Sartine, 4, Paris.

PUBLICATIONS COMMERCIALES

AGRICOLES ET INDUSTRIELLES.

Envoi franco du Catalogue.

PARIS,

LIBRAIRIE DES HALLES ET MARCHÉS,

Rue de Sartine, 4 (près de la nouvelle Poste).

AVIS.

La *Librairie des Halles et Marchés* se charge de faire parvenir à ses clients tous les Ouvrages qu'ils lui demanderont, même ceux en dehors de son Catalogue.

Elle prend aussi, à leur nom, des abonnements à tous les journaux français et étrangers, publications illustrées, musique, etc., aux tarifs les plus réduits.

Envoyer mandat-poste ou valeur sur Paris au nom du Directeur de la *Librairie des Halles et Marchés,* rue de Sartine, 4, Paris.

PORTEFEUILLE - AGENDA DU NÉGOCIANT

Publié par le *BULLETIN DES HALLES*, rue de Viarmes, 29

Prix, rendu franco dans un étui : 5 francs

A) Description du Portefeuille

Le Portefeuille est en cuir fort, genre maroquin anglais, rayures transversales, couleur noire, marron ou rouge, au choix ; il a deux compartiments intérieurs ; un mécanisme spécial maintient l'*Agenda-Manuel*, et il se ferme par une serrure à secret en métal.

Il contient : 1º un crayon ; — 2º un agenda de l'année avec dates, saints, jours du mois, etc.: — 3º un manuel de renseignements dont le sommaire est indiqué ci-après.

Nota. — Chaque portefeuille est marqué en lettres or fin, aux initiales des souscripteurs.

Dimensions : 18 centimètres sur 11

PRIX DU PORTEFEUILLE SEUL : **3** FR.

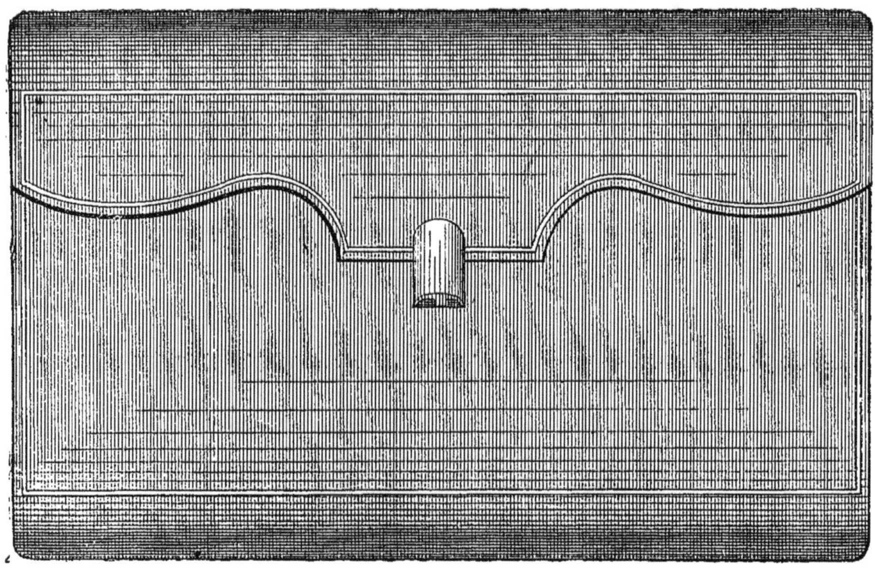

B) Sommaire de l'Agenda

(Volume in-18 raisin de 162 pages.)

1º Renseignements commerciaux : tableaux de réduction, rapports de prix, barêmes, prix de revient sur les *farines, grains, huiles, pétroles, alcools, vins, sucres, suifs*, etc.

2º *Renseignements divers.* — Entrepôts et magasins généraux; traités de commerce; rapports des prix et des poids anglais et étrangers avec les prix et poids français ; réduction des monnaies étrangères en monnaies françaises ; personnel du ministère de l'agriculture et du commerce ; Chambre et tribunal de commerce ; Bourse de Paris ; calcul des rentes ; banques, caisses et sociétés de crédit ; tarifs des papiers timbrés et des timbres mobiles ; postes et télégraphes ; durée de transmission des dépêches ; heures des principales villes, etc.

PRIX DE L'AGENDA SEUL : **2** FR.

TARIF COMPLET DES POSTES & TELÉGRAPHES

Règlements & Tarifs des Papiers timbrés

Cette feuille, grand in-4º, extraite du *Sous-main dictionnaire*, se vend séparément et permet d'avoir constamment sous les yeux ces renseignements nécessaires à tout commerçant.

PRIX : **50** CENTIMES

ALMANACH ILLUSTRÉ

DU

BULLETIN DES HALLES

OFFERT GRATUITEMENT

AUX ABONNÉS DU JOURNAL

Prix pour les non abonnés : 1 fr.

1882

Législation et Jurisprudence Commerciales

Articles de M. Victor Emion, avocat à la Cour d'appel de Paris, publiés dans le *Bulletin des Halles* en 1881 :

La taxe du pain. — Le poids du pain. — Les marchés de blés et les rachats. — Les incendies dans les moulins. — Les marchés d'huiles. — Le commerce des boissons. — Un vin en pure nature. — Les vins de raisins secs. — Les marchés de sucres. — Les marchés de betteraves. — Les engrais non fertilisants. — Les subventions industrielles. — L'enregistrement des marchés commerciaux. — L'exception de jeu. — Transport des marchandises. — Les ventes par commis-voyageurs. — L'acide salicylique et la falsification.

Jurisprudence Commerciale

Réponses de M. Victor Emion aux questions posées par les abonnés du journal.

Travaux Agricoles pour chaque Mois

et moyennes mensuelles des Cotes officielles à Paris pendant les sept dernières années.

Variétés. — Articles Divers

Illustrations par M. Maurou

EN VENTE AU PRIX DE 1 FR.

A LA

LIBRAIRIE DES HALLES ET MARCHÉS

rue de Sartine, 4, Paris

BAROMÈTRE ANÉROÏDE

Construit par M. REDIER, fournisseur de l'Observatoire de Paris

D'UNE VALEUR RÉELLE DE 30 FR.

Offert au prix réduit de **15 francs** rendu franco

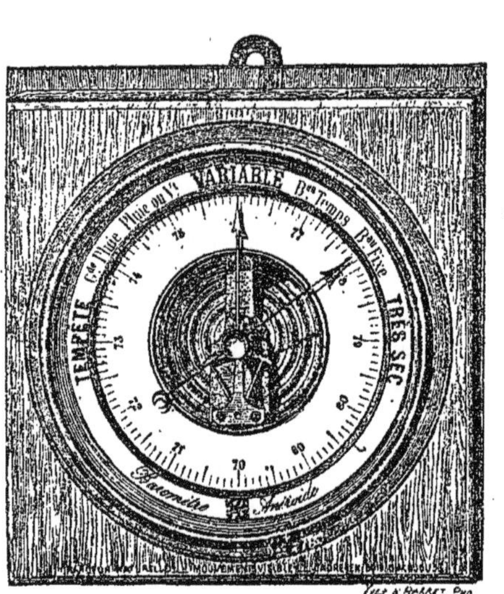

Rendu franco de port et d'emballage en France, au prix de **15** francs. — Autres pays d'Europe, **18** francs.

Pour permettre de régler le Baromètre, il est essentiel d'indiquer l'altitude de la localité où il doit être placé. Ce renseignement pourra être fourni soit à la mairie, soit par le curé, soit par le maître d'école ou toute autre personne ayant quelques notions de Géographie.

Adresser les demandes à M. le Directeur
du *BULLETIN DES HALLES*, rue de Viarmes, 29, Paris

ANNUAIRE DES HALLES & MARCHÉS

MANUEL DU COMMERCE ET DE L'INDUSTRIE

Volume in-8 jésus de 500 pages. — Prix : **5** francs. — Rendu franco : **5** fr. **75.**

Publié par *Le Bulletin des Halles*

Conditions de ventes des farines, grains, graines, légumes, fourrages, huiles, graines oléagineuses, pétroles, essences, savons, alcools, vins, vinaigres, cidres, poirés, bières, sucres, mélasses, glucoses, suifs, produits stéariques, etc.

Rapports des prix étrangers en prix français et tableaux de réduction.

Jours des marchés et conditions de la plupart des places de France.

Législation commerciale détaillée de tous les articles.

Lois sur les warrants, les sociétés, les entrepôts, les ventes publiques et les patentes.

Tarifs des chemins de fer et des entrepôts.

Règlement des Halles centrales.

Statistique et renseignements divers. Liste des négociants faisant partie du Cercle du Louvre. Bourse de Paris. Postes, télégraphes ; monnaies, poids et mesures, etc.

TABLEAU GRAPHIQUE

DES

FARINES 6 & 8 MARQUES A PARIS

Pendant les années 1860 à 1880

Dressé par M. CH. BIVORT. — Publié par *Le Bulletin des Halles*

Ce Tableau indique toutes les fluctuations de cours des farines 4, 6 et 8 marques dans chaque mois pendant les 21 années de 1860 à 1880. Il est accompagné d'études statistiques sur le prix moyen du blé depuis 1860 ; la production et le poids moyen depuis 1820 ; le mouvement de l'importation et de l'exportation depuis 1860.

Il contient, en outre, une échelle proportionnelle de la production moyenne pour chaque pays de l'ancien et du nouveau Continent, plus une carte indiquant la zone de culture du blé dans les deux hémisphères.

Prix, sur papier : 6 fr. — 10 fr. sur toile avec baguettes.

Ajouter 1 fr. 50 pour le recevoir franco.

SOUS-MAIN-DICTIONNAIRE

BREVETÉ S. G. D. G.

Publié par *Le Bulletin des Halles* — Prix : 2 fr. 50

Ce sous-main, indispensable pour tous les bureaux, contient, outre un cahier de papier buvard, un portefeuille et un calendrier perpétuel, les renseignements suivants :

1° Dictionnaire indiquant l'orthographe de tous les mots usuels de la langue française;

2° Tarifs complets des postes et des télégraphes ;

3° Règlements et tarifs des papiers timbrés ;

4° Carte des chemins de fer du centre de l'Europe;

5° Départements de la France divisés par bassins principaux avec indication des chefs-lieux et de la population;

6° Petit exposé du système métrique décimal, etc.

ANNUAIRE DE L'ÉPICERIE

Volume in-8 jésus de 350 pages. — Prix broché : **2** fr. **50** c. ; relié, **3** fr.

Ajouter 50 centimes pour recevoir franco de port.

Statuts du Syndicat du commerce de l'Epicerie ;

Membres de la Chambre syndicale et liste des adhérents de Paris et des départements;

Statuts de la Société de prévoyance des employés de l'épicerie ; liste des membres fondateurs et des participants.

Documents commerciaux : huiles, pétroles, essences, alcools, vins, sucres, mélasses, etc.

Tarif des droits d'entrée dans Paris. — Nouveau tarif général des douanes;

Postes, télégraphes ; monnaies, poids et mesures, etc.;

Usages commerciaux, ventes de fonds, baux, etc.

LE BULLETIN DES HALLES

JOURNAL QUOTIDIEN, COMMERCIAL ET AGRICOLE

FONDÉ EN 1846

DEUX ÉDITIONS PAR JOUR

DIRECTEUR-ADMINISTRATEUR : CHARLES BIVORT

Bureaux : 29, rue de Viarmes, Paris

Cotes officielles et Cours commerciaux
Avis télégraphiques et correspondances des principaux
marchés de France et de l'Etranger
Revue de la Semaine chaque Samedi

FARINES — GRAINS — GRAINES — HUILES — PÉTROLES
ALCOOLS — VINS — SUCRES — MÉLASSES — SUIFS
PRODUITS STÉARIQUES — HOUBLONS — FOURRAGES
BESTIAUX

Viandes, Volailles, Gibiers, Poissons, Beurres, Œufs,
Fromages, Fruits et Légumes, Lards, Saindoux, Salaisons
Savons, Denrées coloniales, Cafés, Cotons, Laines,
Jutes, Chanvres, Engrais, Charbons, etc., etc.

Météorologie
Mouvement maritime, Départ et Arrivée des Paquebots-poste

Ventes de Fonds de commerce
Adjudications et Ventes publiques, Sociétés, Faillites
Brevets d'invention, Bourse et Bulletin financier, Théâtres
Renseignements divers
Statistique, Législation et Jurisprudence commerciales

TARIF DES ABONNEMENTS :

	UN AN	SIX MOIS	TROIS MOIS
PARIS.......	26 fr.	14 fr.	8 fr.
DÉPARTEMENTS.	36 »	20 »	11 »
ÉTRANGER....	46 »	24 »	13 »

On peut s'abonner à un, à deux, ou à trois numéros par semaine.

Service d'essai gratis pendant huit jours sur demande

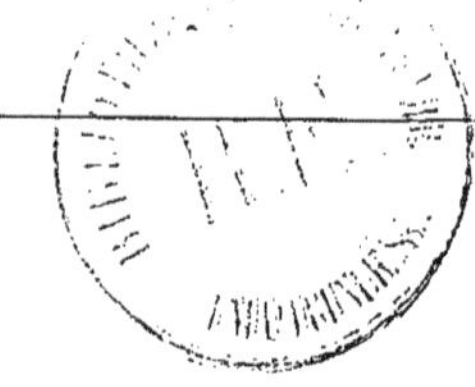